ドタバタ子育て大作戦

三姉妹のれんらくちょう

横澤夏子

はじめに

子育てが始まって、まだまだ知らない自分を知ることになりました。とっても幸せ！という気持ちから、あーだめだ！　爆発だ！　という怒りの感情まで、喜怒哀楽が120％、メーターが上がりきっちゃっている毎日です。

なににバタバタしているかわからないのに、なんだかいつもバタバタしていて、秒で過ぎていく毎日の中で、保育園の連絡帳が唯一の思い出のメモ帳として役立っています。

昨日どんなことがあったかな、娘はどんなことを言っていたかな、と考えてみると、強烈に覚えているエピソードや絞り出すエピソードなどさまざまですが、なにより忙しい朝に書いているので、とにかく早く書き終えなくちゃという気持ちも出てきて、読み返してみると意外に娘の真髄を捉えています。

さらに、担任の先生からの連絡帳が面白い。保育園での私の知らない娘の姿が浮かび上がります。先生のエピソードを読んで感想を伝えたい！　家での出来事を先生に聞いてほしい！　と、連絡帳は先生との交換日記となっています。

そんな日課である連絡帳は私にとって子育てに欠かせないものとなりました。そして、まだ子育て歴4年の私が、気づいたこと、考えたことを書いてみました。お手柔らかに読んでください。

CONTENTS

Chapter 4

Chapter

1

子育ての喜怒哀楽全部盛り！

忘れられない連絡帳コレクション

保育園の連絡帳は、私にとって、先生から新たな視点をもらえる参考書であり、愚痴を笑いに変えてくれる劇場であり、子どもたちの世界でひとつの成長記録。三姉妹の連絡帳から忘れられないものをご紹介します！

とれたて
ピチピチの
鮮魚なのよー！

姉妹の
ダブルイヤイヤ期、到来

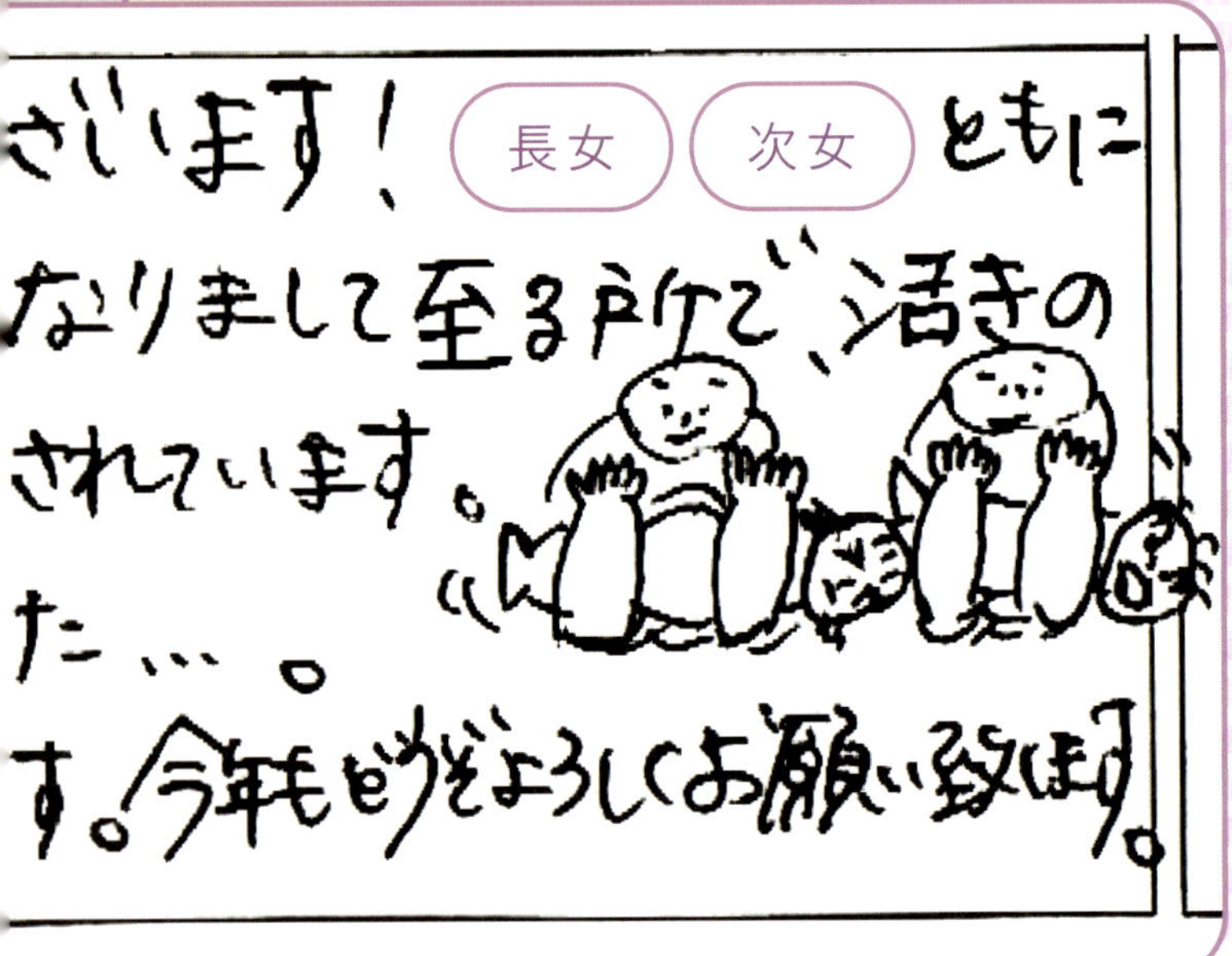

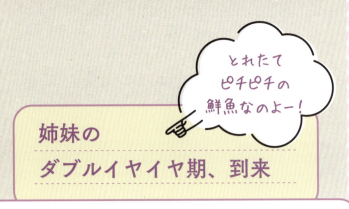

あけましておめでとうご
ダブルでイヤイヤ期がピークに
いいシャケと大マグロが捕獲
年末年始はとくに大漁でし
園では穏やかであることを祈りま

大変なときこそ、
連絡帳に書こうと
ひそかに思っているのよ〜

今だけ限定のかわいい言い間違い

忘れないうちに連絡帳にメモメモ！

攻防戦、家でもすさまじいです。長女の言い間違いが多いです。「エレベーター」を「エベレーター」、「次は」を「じつは」、「女の子」を「おんなころ」です。いつなおるのか楽しみです。自分の名前もいつの間にか直っていたので忘れた頃に普通に言えてそうです。

ふざけたあとのドヤ顔に笑っちゃう！

眉毛が顔からはみ出るぐらい上がってるのよー！

「あなたのお名前は？」と聞くとわざと「なつこ」と答えることにハマっています。「それお母さんじゃーん」と言うと笑うという流れです。園などでやらないことを祈ります。わざと間違えた後の顔がドヤ顔すぎて笑ってしまいます。

うかつに
変なこと言えない
のよー！

今どこか聞く私の癖がうつってた！

昨日は父が久々の出社だったので、帰り道に電話をすると、長女が「今どこ？」「何してたの？」「ちゅるちゅるラーメン食べたけどお父さん何食べた？」「今どこ？」「お父さんのイチゴあるよ！」「今どこ？」と、私と同じ電話の言い方でした(笑)普段リモートなのにどこで仕入れたのか気になります。

時々、
事情通
ぶるのよー！

ルミネtheよしもとの存在を知ってた2歳?!

ぎょうざパーティーなんて一言も言ったことがない言葉でびっくりですが、食べたくなりました(笑)「おかあさん、今日どこいくの？」と聞かれ、私「おしごとだよ」長女「おしごとでどこいくの？」私「新宿だよ」長女「新宿でなにするの？」私「ルミネだよ」長女「ルミネか〜」と納得されました。知ってるのか不明ですが笑いました。

秘技！離乳食拒否イナバウアー

離乳食の味が気に入らないと、軟体になって、そこまでのけぞる？というくらいのけぞります。

抱っこしようとしてものけぞることに力を入れていてできません。意志が感じられます。

じゃ、ないのよー！食べてよー！

先生の例えが秀逸だから

戦況を見守る武将の例えに笑いました。家でもその姿勢よくします。朝バナナジュースを飲んでいるのですが、新しい飲み方になりました。両手を挙げて、グーパーします。イッキコールをあおっている人のようにも見えます。グーパーする時はゴクゴク飲んでるサイン？のようです。

想像できて笑っちゃう！

自分でやりたい！はいいけれど

手出しを
こらえる
母なのよー！

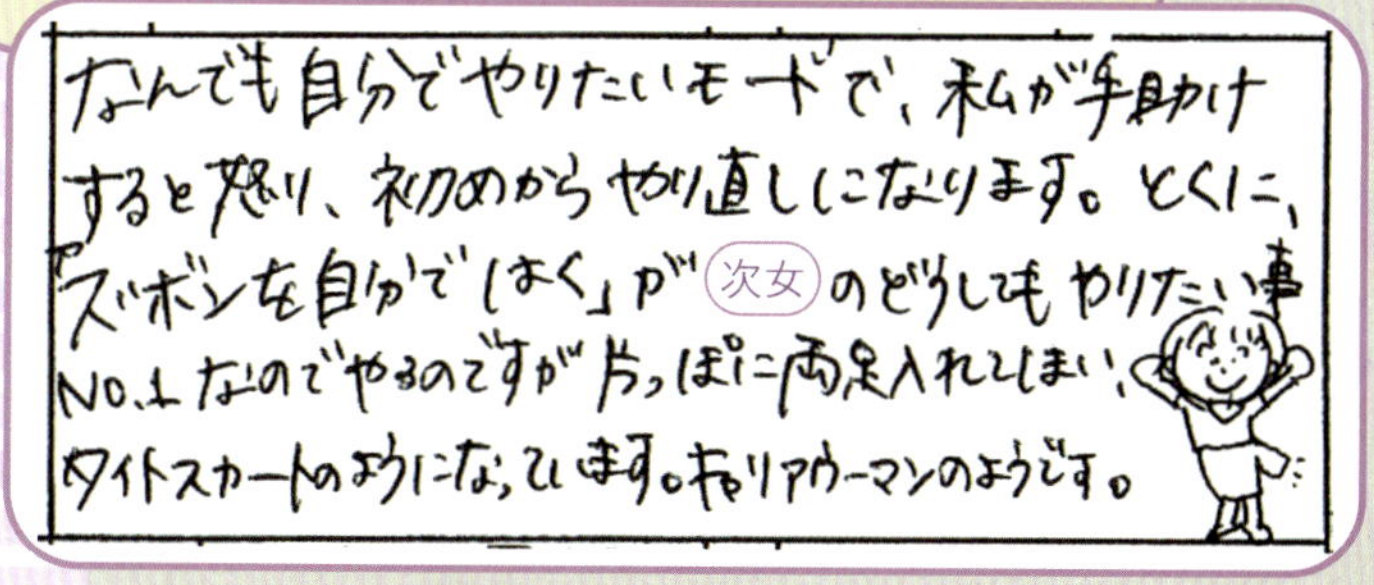
なんでも自分でやりたいモードで、私が手助けすると怒り、初めからやり直しになります。とくに、「ズボンを自分ではく」が 次女 のどうしてもやりたい事No.1なのでやるのですが片っぽに両足入れてしまい、タイトスカートのようになっています。キャリアウーマンのようです。

どんなママなのよー！

たぶん
絶対違うのよー！

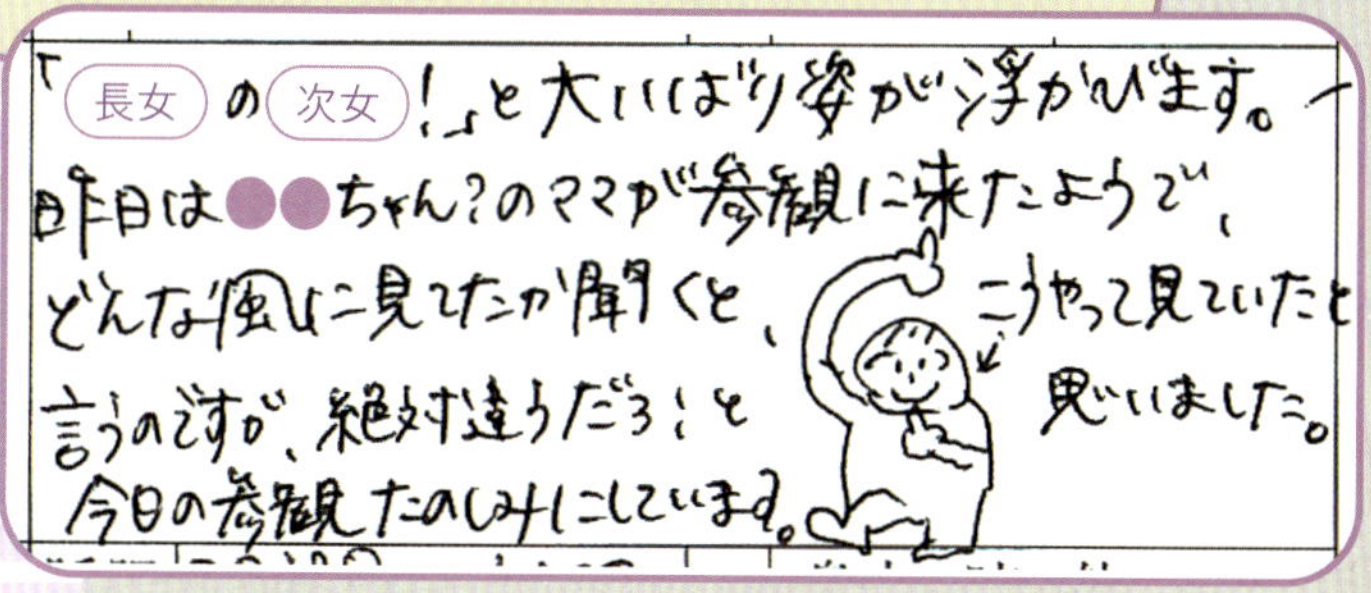
「長女 の 次女！」と大いばり姿が浮かびます。
昨日は●●ちゃん？のママが参観に来たようで、
どんな風に見てたか聞くと、こうやって見ていたと言うのですが、絶対違うだろ！と思いました。今日の参観たのしみにしています。

入念な脱獄計画

世界仰天ニュースでやってそうなのよー！

キッチンに入りたくて仕方ない次女ですが、柵につかまり、大きな声で訴えています。

「入れてくれー」と柵ガタガタさせる時もあります。いつか、柵をぶっ壊しそうな勢いです。その柵もペロペロなめてます じっくりサビを入れてから破壊を計画しているようにも見えます。

赤ちゃん語、新たに解読！

ぐうの音の「ぐう」ってこと?!

楽しい時の声は「あー！」とか「かっかっか」などですが、物を取られた時、悔しい声は「ぐぅー！」と言うことがわかりました。うまく行かないと「ぐぅー！」と言っているのでいろんなところから「ぐぅー！」と聞こえてきます。

我が家の家族構成

母の存在感、
すごいのよー！

撮りたがり、想像つきます。全てやりたがりなんですよね。(笑) 最近、4という手ができるようになり「(長女)、何人家族？」と聞くと4人と答えて「パパと～お母さんと～、(次女)と～、(長女)」と、2割の確率で答えてくれますが、8割は「パパと～、お母さんとお母さんとお母さん」で、私多めです。

妹に「はぶらし」を伝授

でも、
合ってないのよー！

はぶらしをしながら、妹に教えてあげていたのですが「(次女) はぶたちって言うんだよ？わかった？」と一文字も合っていませんでした。教え込む力が熱心で、妹もていせいできない程でした。

手品ができるようになりました

タネも仕掛けも見えちゃってるのよー！

階段、得意気ですね。首から服の中におもちゃを入れることにハマっていて、お腹がパンパンになっています。手品のようにひとつずつ出して、見てる側より本人がすごく喜びながら披露してくれます。忘れて、そのままねころがった時すごく痛そうに報告してきます。

親子で保育園、だーいすき！

先生、いつもありがとう！

順番守れてなによりです。園に通い始めてから1年あっという間でしたが、先生方のおかげで長女もいろんなことができるようになりました。「保育園行く」と言うと「イェーイ」と言うくらい大好きなようです！本当に感謝しております。来年度も引き続きよろしくお願い致します。

Chapter

2

ごはん、寝かしつけ、イヤイヤ期…

子育てハックのヒントは連絡帳にあり⁉

保育園の連絡帳には、子育ての思い出とともに、当時の悩みや、どう乗り越えてきたかの知恵が詰まっています。悩み別に当時を振り返ってみました。
それにしても毎日いろんなことがありますね。

ごはん編❶

「食べればなんでもいい」の境地に

#結局どんな朝ごはんがいいのよー！
#第一希望の朝ごはんは簡単でよく食べてこぼさなくて栄養とれる系
#そんなもんないのよー！

2023年6月22日

おうちでの様子

長女も次女も朝ごはんを
まったく食べなくなったので最終手段で
コーンフレークをあげたら、
すごい勢いで二人とも食べていました。
こんなに朝ごはんに前向きな姿勢を
見るのは初めてでした。
私も食べてみたら久々すぎて
おいしすぎでした！

★最初の頃は、「私の食べさせたものでこの子の体はできているんだ」と全責任を負った気持ちになって、朝ちょっと食べないと、お昼にはお腹が空いて死んでしまうかも……!?　と心配していました。

　ある日、子どもたちに朝、お水を飲ませていなかったことに気づいて、慌てて保育園に電話したんです。「先生！　うちの子、今朝お水を飲んでいないんです。すみません」って半泣きで。そしたら先生が落ち着いた声で、「お母さん、だいじょうぶです。保育園にはお水がありますと。そこで気づいたんです。保育園は水がある施設なんだって。いっぱいいっぱいでそんなことにも気づけませんでした。

　前までは「朝食にコーンフレークだけなんて絶対足りない！」と思っていましたが、「食べてくれるだけでよし！」と思えるようになりました。何より楽しく朝ごはんの時間を過ごせるなんて最高！

　ちなみに我が家の朝の定番ドリンクはバナナジュース。通称「バナジュー」。朝に乳製品と果物類をとらなければと考えたときに、バナナ＋ヨーグルト＋牛乳のバナジューなら1工程で済むじゃん！と発見して。子どもたちにはコップに入れて渡しますが、私はミキサーに残ったものをそのまま飲み干しています。★

ごはん編②

小食問題、「つられ食べ」に感謝！

#フードファイトのような食べっぷり
#保育園でも毎日フードファイトしているのかしら

2021年 11月 24日

おうちでの様子

昨日、月齢が同じお友だちと
ごはんを食べていたら、お友だちが
スプーンで白ご飯を食べている姿を見て、
長女も完食しました。
お友だちの効果絶大！ とビックリです。
フードファイトをしているようにしか
見えませんでした。

★離乳食のとき、栄養面を考えて混ぜご飯スタイルであげていたら、白米を食べなくなってしまって。白米といえば食の基本じゃないですか。この先この子はどうなってしまうんだろう……とかなり悩んでいたんです。そんなとき、お友だちにつられ食べする我が子を見て感動！

お友だちの影響って大きいですよね。

フードコートのよそのテーブルに助けられたことも何度もあります。「隣の子、あんなにいっぱい食べて、めっちゃ褒められてる！」ってなると、うちの子も急に自分から食べだしたり、同い年くらいの子がソフトクリームを食べている姿を見て、「もうあれ食べていいんだ！」と親子ともども気づいて、新しい世界が広がったり。

白米対策でいうと、ベビーシッターさんから、「ラップでおにぎりを一緒に作ったら食べましたよ」と報告を受けて、その手があったか！　と目からウロコでした。さっそく私も試してみたのですが、今度は小さなお口からボロボロこぼすのが気になって……。「そうだ！　棒おにぎりにすればいいんだ」と棒状に握ってみたらこれが大正解。

「手を変え品を変え」と言いますが、手を変えれば品を変えなくてもいけちゃう場合があることを学びました。★

ごはん編③

栄養効果を健康番組なみにアピール

#子どもってケチャップ好きじゃないの?
#ストライキはやめてよー!
#心配すぎるのよー!

2022年12月6日

おうちでの様子

昨日、オムライスを一口も食べず、
夕食抜きの状態でした。
トマトの味が嫌だったようです。
食べないという頑《かたく》なな意志が伝わりました。
朝もまだ食べない意志、続いていました。
ストライキのようです…。

★子どもの好き嫌い対策、いろいろ試しています。お好み焼きにホットケーキミックスを入れると甘くなると聞いて、細かく刻んだ野菜と合わせたらパクパク食べてくれました。私が叙々苑のドレッシングをレタスにかけて食べてたら、子どもも欲しがって、まさかの完食をしたことも。完食は嬉しいけど、それにしては高級なのよ。

こんなとき、**頼りになるのはやっぱり保育園の先生。**苦手だったはずの豆腐を食べたというので聞いたら、「豆腐を食べたらお肌がつるつるになっちゃうよ。ほら、お肌触ってごらん？　するんってすべっちゃう〜！」と実際に子どものほっぺを触ってすべって見せたそうです。食べては触ってを繰り返す娘の姿が浮かびます。

家でも「キノコって体の中に入ったばい菌と戦ってくれるんだよ」と伝えたら食べてくれました。思えば私も小さい頃、母に「こんにゃくは体の中をお掃除してくれるんだよ」って言われてました。栄養効果を私も母から教え込まれていました。

これはいいぞ、といろいろ栄養を解説していたら、「大根はどんないいことするの？」と聞かれて、「大根……？　えーとえーと」とうろたえました。★

ごはん編④

遊び食べ、ながら食べ…マナー問題

#それはそれはしっかり残してあったのよー！

2022年 9月1日

おうちでの様子

昨日、夕食を残したのですが、
「ごちそうさまでした！ おいしかったです！」
と初めて言われ、
「えーおいしかったのー!?」と
嬉しかったです！
でもしっかり残してありました。
園での素敵な決めゼリフのおかげで、
すごくハッピーでした。

★礼儀正しい子に育ってほしいので、食事のマナーは結構口うるさく言っています。「ひじをつかない」「器に左手を添える」など基本的なことから、「歌わない！」「立たない！」も、よく言います。どれも私が親から言われていたことばかり。そういえば、食事中に立つ対策として初めてチェアベルトを使ったときのこと。夫が「小さい頃、ロープでぐるぐる巻きにされて食べてたなー」と言っていて、あるあるなんだなーと思いました。

長女の遊び食べに悩んだとき、「1回立ち上がったらごちそうさまね」と言って、本当にごはんを下げたときがありました。絶対足りないだろうな、とこっちは内心、心配だったんですが、本人はへっちゃら。**自分が思うより子どもの食べる量は少ないのかも**、と気づくきっかけにもなりました。

うちの子はコーンスープが大好きなので、「これ食べたらコーンスープだよ」と好物を一番後ろに持ってくるのも効果がありました。あとはテレビ！　食事中につけていると口を動かすことを忘れるので、基本的にはつけない。食べたあとのテレビをご褒美として引っ張っています。離乳食時はEテレを見て、ぽかんと開いている口にごはんを入れるときもありました。★

ごはん編⑤

自分で食べたい子 VS 食べさせたい私

#私が取って食べるわけないのに
#なんなのよー！

2023年 4月25日

おうちでの様子

自分で食べたい気持ちがMAXで、
こちらがスプーンを触ることも許されません。
食べさせてもらったほうが
いっぱい食べられるのに、
自分の腕を信じ切っています。
お皿の位置を直そうとすると、
取られるんじゃないかと叫びます。
信頼されていません…。

★子どもが「自分で」食べたい時期、みなさんどうしていますか? 次女がごはんデビューしたとき、まだ長女も食事のお世話が必要だったので、手も目も足りなくて。だらだら食べようが、食べこぼそうが、「あとで片づければいいや」と放っておいたんです。すると、次女は一人で食べられる子に成長しました。やっぱり「自分で」を叶えてあげることは大切ですね。

でも、三女が生まれてから「自分で」はやらせてあげられなくなっています。食育をとるか食事量をとるか、ずっと「DEAD OR ALIVE」状態。自分でやらせるのが成長する上で大切なのはわかる。わかっちゃいるけど、私が食べさせたほうが数倍早いし、周りが汚れることもない。三女が食べこぼしたものをかがんで拾うとき、ベタベタの手で頭をぽんぽんと叩かれた日には、もう……「ぎゃー」です。

最近は、**「食育」の時間と「食事量」の時間とは分けて考える**ことにしました。今はしっかり食べさせることが先決だ、と時間のない朝は三女に食べさせています。あと、受験勉強のように傾向と対策も必要。ここでこぼされるんだな、とか、この食器の配置はやめておこう、とか、今までの失敗から私がイライラしない作戦を日々練っています。★

ごはん編⑥

小食に悩んでたけど、量が多かった!?

#ノリノリなおかわり
#本人はもう1杯のジェスチャーのつもり
#もう2杯になっちゃってる

2023年　4月19日

おうちでの様子

お茶や絵本のおかわりを
お願いされるとき、
両手で1本を表すのですが、
合わせて2本になっています。
頭の上でやっているのでテンションぶち上げで
おかわりされてる気がして嬉しいです。

★以前は子どもが小食なことにすごく悩んでいました。でも、P29に書いたように、一度、長女の食事を途中で下げたとき、翌朝までケロッとしていたんです。常に食べろ、食べろと言っていたけど、その目標量が多すぎたんじゃないか？ってやっと自分の常識を疑い始めました。そういえば、ニトリで子ども用茶碗を見たとき、「えー！　こんなにちっちゃいの⁉」とびっくりしたことも……。うちの子は小食だと思っていたけど、もしかして、出す量が多すぎただけ⁉

以前、子育て番組でご一緒した井桁容子先生が、「横澤さん、**ジャングルでも子どもは育つ**んですよ」と話してくれたことがありました。その昔ジャングルで育ってきた子どもたちがいるから私は今生きているんだ。それに今はジャングルより快適で、文明の利器も知恵もある場所。だったら……と、大きく構えられるようになってきました。

今は、「お腹が空いたときに自分から食べたがるかも！」と、ある程度のおのこしには目をつぶれるようになれました。

それでもやっぱり自分が作った料理に「おかわり！」と言われる喜びは格別。おかわりポーズは三者三様。月齢によっても変わるので、気づくと違うポーズになっています。★

寝かしつけ編❶

「地蔵作戦」に忍び寄る甘いワナ

#娘のトラップに引っかかるの巻なのよー！
#このあと何度も同じこと繰り返しちゃって
#寝られなかったのよー！

2022年 5月31日

おうちでの様子

寝かしつけのときは
どんなことがあってもお地蔵さんのように、
微動だにしないのですが、
昨日は私の腕を触って「すべすべ〜」と
言ってきたので嬉しくて
「ありがとう」と言ってしまい、
まんまとワナに
かかってしまいました。

★我が家は20時完全消灯でやっています。三女は割とすぐ寝入ってくれるのですが、長女と次女は本当に寝ない。昔話を聞かせるとか、単純に「寝なさーい！」と怒るとか、いろいろ試した結果、行きついたのが「地蔵作戦」です。

20時になったら真っ暗にして、「はい、もうこの世界は終わりでーす」と、とにかくおしゃべり禁止。**地蔵になり切ります。**

これがなかなか難しくて、長女に「お母さん、お肌すべすべ～」と言われて嬉しくなって「えーほんとう？　ありがとう～」って反応しちゃったり、「今日保育園どうだった？」と私が話しかけてしまったり。修学旅行の夜状態。「もう寝た？　好きな子いる？」みたいな。そこをぐっとこらえて、無になり切ると、やがて子どもたちのすやすやという寝息が聞こえてきます。案外、子どもたちの睡眠を邪魔していたのは自分だったのでした……。

この作戦の辛いところは、地蔵の間、やることが何もないこと。「早く寝てくれないかな。そしたら自由になれるのに」とイライラしてしまうんです。そこで、最近ある発想の転換を図りました！

（次ページへつづく）★

寝かしつけ編❷

寝かしつけを「自分時間」にする方法

#正真正銘のイチかバチか…
#もし遊ぼうと言われたときになんて言うか考えてないのよー！

2022年 10月6日

おうちでの様子

昨日寝るとき、
まったく寝なかったので
「起きて！　もっと遊ぼうよ！」と言うと、
「私、寝るの！　明日いっぱい遊ぼうね」と
なだめられました。
イチかバチかの反対言葉作戦が
うまくいきました。

★いや〜、この反対言葉作戦はひやひやしましたね。この別バージョンで反対行動作戦もあります。私が「ねんねしない！」とわざと言って、ギューッと子どもをだきしめて、子どもに「ダメ！」と言われ、しょんぼりしながら「わかったよー、おやすみ」としぶしぶ目をつぶる、というやりとり。これを15分くらい繰り返すといつの間にか寝てくれるんです。何回繰り返すんだ！　長い！　あの手この手で寝かしつけています。

前ページでお話ししたように、以前は「早く寝てくれたらあとは自分時間なのに」とイライラしていました。でもあるとき気づいたんです。この**寝かしつけの時間も自分時間**なんじゃない？　って。そう考えると自分時間が急に増えたように感じて、一気にイライラが半減しました。

暗闇の中で無言でできることと言えば、考え事。今日一日の反省というよりは、「明日何着ていこうかな？」「新しいタオル出そうかな？」とかちょっと前向きなことを考えると楽しいです。案外、携帯も触らずにじっくり考え事する時間ってないんですよ。次の休みにどこ行こうかなと考えたり、仕事の段取りを脳内シミュレーションしたり、考えることはいっぱいです。★

寝る前の合言葉「大好きだよ、おやすみ」

#確かに目はつぶっているけど
#そういうことじゃないのよー

2022年 3月3日

おうちでの様子

一緒に寝るとき、
「目つぶって！」と私が言うと
「目つぶった！」と
しっかりつぶる長女なのですが、
座ったり、立ったり、人形としゃべったりしながら、
目をつぶったまま器用に遊んでいます。
そういうことじゃないんだけどなー…
と思います。

★子どもって、決めたルールは結構、律儀に守ってくれますよね。目的に合っているかどうかはともかくとして。我が家には寝る前に必ずやることがあります。それは、「大好きだよ、おやすみ」と言うこと。

元々は夫が最初に言いだして、子どもたちに愛を感じてもらえて、一日の終わりがハッピーに締めくくられて、すごくいいなあと思ったので毎晩の決まりになりました。

まあ素敵な話、って思いました？　ところがどっこい、実際は、「早く寝て！大好きだよ、おやすみ！」「わかってるよ！　大好きだよ、おやすみ！」と早口でイライラしながら言い合ってることもあって、これは効果あるのかな？　と思う日も……。

でも、ぶっきらぼうにでも「大好きだよ！　おやすみ！」と必ずルールを守ってくれる子どもたちに、やっぱりかわいいなあと思って、こちらのイライラ温度も下がるので、これからもできれば続けていきたいです。

「大好きだよ、おやすみ！」のあとは一切しゃべってはいけない決まりなので、寝かしつけにも役立っています。★

送り迎え編①

雨の日は、シルク・ドゥ・ソレイユ状態！

#カッパとかフード付きの上着を一番上までしめて顔だけ乗っかってる感じになるの好きなのよーー！

#雨の日大変すぎーーーー！

2024年 3月6日

おうちでの様子

昨日雨が降っていたので、
カッパと長靴で帰りました。
カッパの帽子の周りがゴムになっていて、
顔が凝縮している姿が
なんとも言えない寄せて上げて感があって
かわいかったです。

★雨の日の送り迎え、大変ですよね〜。金曜日のお迎え、月曜日の送りなど荷物が多い日なんて腕がちぎれるかと思います。金曜日の帰り道、抱っこ紐に三女、さらに次女を左手で抱っこして、長女をおんぶしながら帰る姿は、シルク・ドゥ・ソレイユ状態。

うちは送りは夫で、お迎えが私の担当。夫が子どもたちを送っていって、一旦家に戻るとき、「ただいま」って言うトーンで「あ、今日相当大変だったな」と夫の疲労度がわかります。

お迎えは、まず三女を迎えに行って、抱っこ紐で抱っこして、荷物を持ち、次に次女の教室へお迎えに行って、次女の荷物も三女のバッグに入れて肩に掛け、長女は自分でリュックを担いでもらって、それぞれにカッパを着せて、長女と次女と手をつないで……、傘なんて持てるはずもありません。一番の被害者は三女で、私の蒸し風呂状態なカッパの中で抱っこされていて暑いうえ、顔だけはカッパから出しているので、激しい雨だと顔がびしょびしょに……。

思い余って、保育園でお散歩のときに子どもたちが乗っているカートの値段を調べたこともあります。安心安全第一のものだからか、25万円くらいして断念。何かいい方法はないものか……。そんな試行錯誤の日々、唯一の癒しが、我が子のてるてる坊主のようなかわいい姿です。

★

送り迎え編②

保育園が好きすぎて帰りたがらない問題

#保育園の外に出るまで
#トラップだらけ
#外に出てから家までも
#トラップだらけ
#家には何時に着けるのよー！

2024年3月12日

おうちでの様子

保育園の帰り、
ママチャリに乗車拒否。でも
「あっ！ 担任の先生だ！ あれ、どうして？」と
先生を見かけたふりをすると、
乗りたくないモードから
先生を探すモードになって、
無事乗せることができました。
架空の先生に助けられました！

★お迎えのときの悩みが、クラスから保育園の玄関に出るまでめちゃくちゃ時間がかかること。どんだけ保育園が好きなんだろうと思うほど帰りたがりません。

まずクラスにお迎えに行って、ブロックやパズルの遊びを中断させて玄関まで行くのに一苦労。でもそういうとき、先生が「じゃあお母さんに片づけているとこ、見せてあげようか」と一言言うと、「え？　見せるよ！　見ててよ！」って片づけだすんです。先生って魔法の言葉、いっぱい知っていますよね。

玄関から玄関の外へ出るのもまた難関です。「保育園、電気消えて誰もいなくなるんだよ」とおどかしても「それもいいな」なんて言ったり、「今日の給食はこれだったよ」「先生の靴はこれだよ」といちいちご披露。「ちょっと亀見たいな」と玄関にある亀の水槽を眺めだしたり。子どもにとっては玄関すらもワンダーランド状態なんでしょうね。

初めて長女を保育園に預けるとき、泣き叫ぶ長女を見て「ごめんね」と、罪悪感を感じていました。それが今や、保育園から帰りたがらないことで悩むなんて。それもこれも、優しい先生方とお友だちに囲まれているおかげです。★

送り迎え編③

送り迎えで子どもの成長を実感

#送り迎えは
#大変だけど
#貴重な親子の時間でもあるのよーー！

2021年 7月16日

おうちでの様子

園からの帰り、
一度も「だっこ」コールもなく、
歩いて帰ってこられました。大人の足で
5分なのに30分かかりましたが、
成長したなーと思いました。
ただ、熱帯魚ショップの前で
ボーッとお魚さんを見る時間が
5分ありました。

★毎日大変な送り迎えですが、働く親にとって貴重な平日の親子時間でもあるなあ、と感じています。

たとえば、帰り道「何してるの？」と聞かれ、「自転車こいでるよ」「え、なにー？」「家に帰ってるんだよ」「なんで？」とエンドレスに質問されて苦笑いしたり、登園時に会うご近所のかたからバレンタインデーのお返しに、生まれて初めてのGODIVAのいちごクッキーをいただいて、あまりのおいしさにしびれちゃったり、ご近所さんが飼っているワンちゃんに初めて触れて妹の前で得意満面の長女の顔を見られたり。そんな送り迎えのエピソードはよく連絡帳に登場します。

いつの間にか「だっこ」コールなしで歩いて帰れるようになった長女は、最後まで歩きとおすぞ！　と思っているのか、話しかけてもうなずくのみで一生懸命歩くことに集中していて……。小さな手をつなぎながら、成長の喜びを噛みしめる帰り道も（たまにですけど）あります。

いつかこの日を懐かしく思う日がくるんだろうな。★

生活習慣編①

お着替えのモタモタ、見守る忍耐力

#何回着替えるわけー！
#ドレスまでは早いのに、ドレスからが遅いのよー！

2024年 1月12日

おうちでの様子

サンタさんに
ドレスをもらいました。
朝6時からドレスに着替えて遊んでいます。
パジャマから服になるだけでも
時間がかかっていたのに、
パジャマ→ドレス→服、と間にドレスが
はさまることによって、
さらに遅くなりました。

★子どもの身支度のモタモタ、困りますよね。マイブームもすぐ移り変わるので「ピンクの服じゃなきゃイヤ！」とか「この靴下じゃないとイヤ！」とか謎のこだわりが炸裂。以前は、その都度イライラしていたのですが、テレビ番組「初耳学」でキッザニアの創業者のかたの話を聞いて、反省しました。いわく、「モタモタする時間が子どもを成長させる」「だからキッザニアは子どもをモタモタさせるところです」と。

たしかに、キッザニアでは保護者はちょっと離れたところから見ていて手取り足取り教えられない。すると子どもたちは当然モタつくけれど、ちゃんと自分で考えて自分でやるんですよね。

今までの私は子どもが身支度でモタモタしていたら、怒っていたし、靴下もすぐ履かせちゃっていました。今はできるだけモタモタ分を見越して時間に相当な余裕をもって支度させるようにしています。それもできるときに限られていますけど。

「子どもにモタモタさせるぞ」と誓ったものの、根がせっかちなので、手出し口出ししたくなる……。これはもう、子どもにモタモタさせることで私が成長しているのでは？　そのうち悟りがひらけるかもしれません。★

生活習慣編②

トイトレは催眠術で尿意に全集中！

＃盛り上げ上手な次女
＃拍手するときはなぜか正座
＃まるでお弟子さん
＃勉強になります！

2023年　8月23日

おうちでの様子

姉がトイレに行っているのを見て、
自分も行きたいようでついていき、
出たら拍手をする「拍手係」を
自らやっています。
姉もすごく気持ちよくトイレできています。
ウィンウィンの関係で
すごくよさそうです。

★トイレトレーニング、みなさんはどうしていますか？　うちは姉妹の年齢が近いため、三人全員おむつの時代も。一時期はS、M、ビッグサイズとあらゆるサイズのおむつの段ボールが部屋を占拠していたこともありました。「水遊びが始まる7月までにおむつを取ってみましょうか」と保育園の先生に冬頃言われ、ついに来たか……と気合を入れて取り組みました。

最初は、「トイレに行ったらプリンセスのシールを貼れるよ」と、よくある〈ごほうびシール作戦〉で釣ろうとしたんですが、シール選びに夢中になって、ちっともおしっこが出ず……。やっぱりここは

尿意に集中させるしかないんだ、と思って「目をつぶってごらん。今おしっこがここに来て、ここを通って、ここに来て、ほーらどんどん出てくるよ、どんどんどんどん出てきたよ……」と催眠術をかけるように言ってみたら、チョロチョロチョロ～ってまぐれかしら？　でも今のところ、タイミングさえよければ9割ほど催眠術にかかってくれています。

あとはやっぱり、保育園の影響は大きいですね。お友だちがトイレでしているなら自分も！　と頑張れるようです。次女は長女のトイレ姿を見ていてトイレへの憧れはあるはずなので、あとはただただそのときを待っています。★

生活習慣編③

おむつ替え&歯磨きには、プロレス技⁉

#替えるほうも替えられるほうも
#必死なのよー!

2022年 9月28日

おうちでの様子

おむつを替えるとき、
とにかく逃げようとするので、
私の脚で腕を押さえつつ替えています。
プロレス技のようですが、これが一番平和に
替えられるシステムでした。
外出先ではできないので大変です……。

★おむつ替え、みなさんはどうしていますか？　うちの子はすぐ逃げ出すので、やむを得ずプロレス技のように脚で体を押さえています。歯磨きも同じようにがっちり体を押さえています。

その様子を見ていたうちの父が一言「かわいそう……」。そう言われたって、これが一番スムーズなんですもん！　うちだけかなあと思っていたら、歯磨き指導のときに、脚で押さえる方法を歯科衛生士さんから伝授された人もいたそうです。こちらも早く磨けるし、次女もすぐに遊べるし、ウィンウィンの関係だと勝手に思ってます。

おむつ替え、なんであんなに逃げ出そうとするんですかね。あと、もうひとつの謎は、絶対うんちをしているのに、おむつ替えを拒否すること。気持ち悪いはずなのに謎すぎます。

三女が生まれてから、次女は三女のおむつ替えを率先して手伝ってくれます。おむつを持ってきてくれたり、ウェットティッシュを持ってきてくれたり。我が家では**「運び屋」と呼んでいるありがたい存在**です。私が運ばなきゃ！とせっせと運び「疲れた～」と嬉しそうに言うところまでがセットです。★

生活習慣編④

散乱したおもちゃには「業者さん」が効く！

＃他にもおもちゃはあるのに
＃なんで同じおもちゃで遊びたがるのよー！

2023年5月1日

おうちでの様子

姉が遊び終わったおもちゃで
次女が遊ぼうとすると、
まだ遊びの途中だったらしく姉が怒り、
必ず取り合いのケンカになります…。
積み重なったおもちゃを見ると
なんだか夕方のニュースの
ゴミ屋敷特集を
見ているようです…。

★おもちゃの取り合い、一日に何回あるんだっていうくらい起こります。取り合いになったら、さっとそのおもちゃを取り上げて「これはもう捨てます。お母さんが一番欲しいから」とどっちにも渡しません。欲しくなんかないのに。おもちゃを擬人化して「そんなにケンカするんだったら、この子がかわいそう。どっちとも遊びたくないと思うよ」と言って隠します。姉妹どちらもぎゃん泣きですが、結果、それが解決への近道な気がします。

そして、**散乱するおもちゃ対策には「業者さん」**を呼びます。以前、エアコンの修理業者を家に呼んだとき、「はい、業者さん来るから片づけるよー！」と言ったら、「え、なんで業者さん来たら片づけるの？　業者さんっておもちゃ持って帰っちゃうの……？」と言ったので、しめしめ、と思って「そうだよ。散らかしていたら、『これはいらないんですね、じゃあ』って業者さん、全部持って帰っちゃうんだよ」と答えて以来、「業者さん来るよー！」と言うとみんな慌てて片づけるようになりました。

よく、鬼やおばけでおどすのはよくないって聞くんです。でも業者さんなら人間だしセーフなのでは？　と勝手に思っています。結果的に、うちは頻繁に「業者さん」が出入りする家になっています。★

夏子の子育て大作戦

大作戦！1

ルールに縛られすぎず、法改正を楽しむ

以前は、「一日五種類以上の野菜を食べさせる」とか「睡眠時間は10時間を死守」とか、自分が作った子育てのルールに縛られすぎていて、すこしでもそこからはみ出ると、過剰に心配したり、子どもを叱ったり、イライラしたりしていたんです。でも二人目、三人目と子育ての経験が増えるにつれて、意外と10時間寝なくても子どもは元気なんだな、とか、好きなものしか食べなくても生きていけるんだな、と変わってきて。その都度、法改正されていって、どんどん子育てが楽になってきました。開き直れた自分にも成長を感じて嬉しい！

大作戦! 2

よそのおうちの育児に目を向ける

私は私の両親から受けた育て方しか知らないけど、よそのおうちにはまた我が家とは違う育て方があるわけで、それを垣間見ることで発見がいっぱいあります。「あ、そのお菓子、食べさせやすそうでいいな」「へ〜！ 上の子と二人だけでマックシェイクデート、いいね！」などなど。今、ミキティさん（藤本美貴さん）とやっている「夫が寝たあとに」という番組で、いろんな家の育児のアイディアやミキティさんちの子育ての様子を知る機会があって、それも視野を広げてくれました。いいアイディアはどんどん取り入れていきたい。

ミキティさんちはジャムパンはディップタイプと知って驚いたことがあります。ジャムは塗るものではなく、お皿に添えてパンを各自ディップすると教えてくれて目からウロコでした。あとは、塗ったパンは閉じることも。そのアイディアが生活を豊かにしてくれています。

きょうだい編①

ケンカが治まらない「やだよシステム」

#エンドレスやだよ
#許さないという選択肢をなくしたいのよー！

2024年5月20日

おうちでの様子

次女から謝られたときに
「やだよ」と言って、
さらにケンカになることがあります。
昨日、長女が
「さっきごめんね言ってくれたのに、
やだよって言ってごめんね」と
次女に言ったら、「やだよ」と言われて
また泣いていました。

★終わりなききょうだいゲンカ、本当に困っちゃいますよね。「ごめんね」って言ったらそれではい仲直りでいいじゃん！　って思っちゃうけど、謝られたら絶対許すっていうのもよくないっていう意見もあって……。この連絡帳を書いたとき、先生からいいアイディアをもらいました。

それは、**「どんな気持ちになったの？」**と聞くこと。この場合だったら「やだよって言われてどんな気持ちになった？」「やな気持ち」「じゃあやっぱりやだよって言わないほうがいいよね」と、相手の気持ちを理解できるようになって、永遠に続く「やだよ」を止められるそうです。

たしかに今までは「そんなこと言ったらだめだよ！」とやったほうを叱ることにフォーカスしていたけど、やられた側だからこそわかることってあるんだなと思いました。「やられたときがチャンス！」と考えて、おもちゃの取り合いなども「今、どんな気持ちになった？」と聞いています。すると、「悲しい気持ち」と答えたりして、子どもなりに思うことはあるんだなあ、と大人の私にも気づきがあります。

まあ、これも余裕があるとき限定ですが、ケンカをチャンスに変えて、相手を思いやる気持ちが育ったら嬉しいな。★

きょうだい編②

赤ちゃん返り対策は、上の子を司令塔に

#妹にはじめまして
#ぽぽちゃんが来たと思ってる？
#赤ちゃんは都合よく起きないのよー
#寝かせてあげてよー
#姉妹愛にほっこりなのよー

2021年10月7日

おうちでの様子

初めての妹との対面に
テンション爆上がりした長女。
おもちゃのミルクを持ってきたり、
絵本を見せたり…。
ぽぽちゃんだと思っている可能性もありますが、
「起きて！　起きて！」と
ずっと話しかけています。

★三姉妹の年齢が近いので、みーんな赤ちゃん返り。私が下の子のお世話をしようとすると、全力で「お母さん、こっち来て!!」って泣いて止めようとしてくるこども。どの育児書にも「赤ちゃんはまだわからないから、上の子をケアしたほうがいい」と書いてある。でも実際、赤ちゃんはミルクやおむつ替えを求めてギャン泣きしていて……。

ある日、上の子に「赤ちゃん、なんで泣いてると思う?」と聞いてみたんです。すると、「えー、ミルクが欲しいんじゃない?」「じゃあミルクあげてみようかな」と**その子を育児の司令塔にして動く**ようにしたら、うまくやきもちをやかせずに済んだんです。「本当に長女ちゃんはすごいね。赤ちゃんの言葉がわかるんだね～」と言うと得意そうにしていて、通訳さんのように教えてくれるようになりました。

あと、みんなが抱っこをせがむときには、遊園地のグリーティングみたいに「一人10秒でーす。並んでくださーい」と言うと、楽しそうに並んでくれるときがあります。順番に抱っこしながら「今、こちらのお客さんの番なんです。ちょっと待っててくださいね」って言うと、抱っこされている子どもがすごく嬉しそうにしてくれて。10秒の抱っこでも満足度が高いみたいです。★

きょうだい編③

三者三様、姉妹の関係性が面白い

#強引な割り込み
#割り込んできているのか
#ねじ込んできているのか
#私の体に擦り込んでもきている

2024年8月28日

おうちでの様子

姉たちを抱っこしていると、
三女が隙間に
自分をねじ込んできます。
自分があとから間に入ってきたのに、
膝の上に乗っている姉を
下ろそうとしています。
我が強いです。

★今まで次女は妹気質だったけれど、三女が生まれてから一気にお姉ちゃんらしくなりました。よく一緒に遊んでくれて、最近まで赤ちゃんだった次女がいきなり姉らしく振る舞っている姿がかわいく見えます。

2歳の次女はよく三女に「早く2歳になれるといいねー」なんて、どれだけ2歳というものが偉大かってことを伝えては、憧れのお姉ちゃんぶっています。その次女は4歳の長女に「早く3歳になりたいよね。3歳にならないとお寿司食べられないもんね」と言われてるんですけどね。

三人それぞれの性格の違いも楽しいです。長女は仕切りたがり。「私中心で世界回ってるんで、ついてきて」って感じで我が家の王様です。次女は、その長女の陰でちょいちょい「こうすれば面白いんじゃない？」とアレンジを加えて楽しむお調子者。照れ屋なので、いざというときは隠れちゃうのですが、じつは面白い子です。三女は、早くお姉ちゃんたちみたいになりたいようで、お姉ちゃんが靴下履いてたら、自分も履きたいし、お姉ちゃんが帽子をかぶるなら私も、ってなんでもマネしています。上の子たちだけで盛り上がっているときは、「今楽しくなさそうなんで、こっち来ていいですか」ってすかさず私に甘えてくる、自分が一番楽しめる場所をすぐに見つけられるところも。三者三様、みんなかわいいです。★

きょうだい編④

三姉妹だからこそ楽しめること

#盛り上げ役の三女のおかげで
#加速するおしりへのバースデーソング
#やめてよー

2024年6月14日

おうちでの様子

姉たちが
「ハッピバースデーおしり～」と
よくわからない歌を歌っているとき、
私も夫も無にしているのですが、
今日は三女だけ笑顔で拍手していました。
姉たちも三女に向かって
さらに大きい声で
歌うようになってしまっています。

★三人姉妹になると、子どもたちだけで遊んでいる時間が増えて、楽になることも。子どもだけでコソコソ楽しそうにおしゃべりしていて、会話が成立していることにも感動してしまいます。まあ、その分ケンカも増えるんですけどね。

とにかく我が家はにぎやかで、静かなときは子どもたちが寝ついたあとくらい。でもにぎやかな家庭に憧れがありました。私も夫も三人兄弟で、にぎやかな家で育ったので。三姉妹がじゃれ合っている姿を見ると、騒がしいぐらいがちょうどいいかなと思います。

私が家で一番よく言う4文字「はなれて！」いつも三人集まって塊のようです。

かくれんぼも三人を見つけるとなったら、結構難易度が上がって楽しめるし、「だるまさんがころんだ」も家の中でできるようになって、**三人育児は大変な面もあるけれど、楽しい面もたくさんある**なと思います。

最近は、三女をいかに笑わせるかを楽しんでいる姉たちですが、三女の反応がよすぎるために、変な歌や変な顔、変な動きを極めています。三女といういいお客さんを得て、ますます姉たちの歌謡ショーは盛り上がりを見せています。★

きょうだい編⑤

取り合いの末にできた儀式

#世の中にまったく同じものが2つあればいいのにーー!

#朝のおにぎりの形も具もまったく同じに作れたらいいのにーー!

2023年 8月24日

おうちでの様子

園から帰ってきて、
姉とずっと取り合い合戦です。
おもちゃから始まり、コップの色、食べ物の量、
絵本の順番、ついには寝るときの
電気を消す係まで取り合いです。
そこまで話し合いが必要なのかと思うほど
仲介人をやっています。
最近は電気のスイッチが2つあれば
いいのに…と思います。

★我が家では祖父母に電話したとき、次女と長女のどっちが「切」ボタンを押すかでもめるので、最初から二回切ることにしています。「どっちから切る?」「わたしー!」と言って長女が切り、もう一回かけて、今度は次女に切らせます。うちの両親も身内だから付き合ってくれますけど、そろそろ三女もやりたいと言いだすのではないかとひやひやしています。

夜の電気のスイッチもどっちが押すのかもめるので、順番に二回消させていますが、そしたらそしたで次は「どっちが先に消すか」でケンカが始まるんですよね。その場合は、「じゃあ明日は先にやろうね」となだめたり、謎のオプションをつけたりします。「先の人は一番に消せます。あとの人は長いことスイッチが押せます。どっちがいい?」みたいな。我ながら何言ってんだ、って感じなんですが、二つの**価値を同等っぽく見せる**と、子どもたちもようやく納得できるみたい。

ご飯も、「こっちのご飯のほうがいい!」と取り合いになるのですが、「こっちのほうが艶めきがあるけど、こっちはきらめきがあるなあ~」なんて言って、テレビショッピングのようにお得情報を伝えています。

この取り合い合戦、三女が参戦したらいったいどうなっちゃうんでしょう!?★

困った行動編①

「お母さんの友だち」話が効果アリ

#ウェットティッシュ3枚をおとりにして
#落とされては拾って落とされては拾っての
#連続なのよー！

2022年 9月12日

おうちでの様子

回転寿司屋さんに行きました。
自分のごはんが終わると
テーブルにあるものすべてを
落とすことにハマってしまったのか、
すごいスピードで下に落としていました。
こちらも何度も拾うのですが、
次女のスピードがその道のプロすぎて
追いつきませんでした…。

★うちの子どもたちは私の小さい頃の話を聞くのが大好き。それも、「園長先生に怒られた話」とか「クラゲに刺された話」とか、ちょっと怖い話を聞くのが好きみたいです。そういう体験談は、危険な行動の教訓になるように「そのとき、わんわん泣いちゃったよ〜」なんて、ここぞとばかりに盛って話しています。

さらに効果があるのが、**「お母さんの友だち」の体験談として伝える**こと。たとえば、「坂道を走ると危ないよ」と伝えるときには、「お母さんの友だちにさ、坂道で走って転んでコロコロ転がっちゃって、血だらけになった子がいるんだよね」と深刻そうに言うと、私の直接の体験よりも第三者になった分、さらに真実味が増すようで、子どもたちも真剣に話を聞いてくれます。

「レストランで走り回ると何が危ないかっていうとね、熱い料理を持っている店員さんにぶつかっちゃって、それが全部かかっちゃうんだよ。お母さんの友だちにそういう子がいたんだよ……」って言ったり。子どもたちは「かわいそう」「入院はしたの？」と心配そうにしているので、私も「お母さんも心配だよ……」と答えてます。ときどき、こっちが忘れた頃に、「お母さんのお友だち、もう元気になった？」と聞かれて慌てます。★

困った行動編②

鬼やおばけでおどす代わりに…

＃おまわりさんに捕まっちゃうよってよく言うから
＃警察に対して
＃ものすごい畏怖を抱いてるのよー！

2022年 6月6日

おうちでの様子

帰り道に警察官を見つけて、
どうしても敬礼したかったようで大きな声で
「こんにちはー！」と言って敬礼すると、
警察官のかたも敬礼してくれました。
本物の敬礼が嬉しすぎて、
長女はダブル敬礼でお返ししていました。
手が、眉毛みたいになっていました。

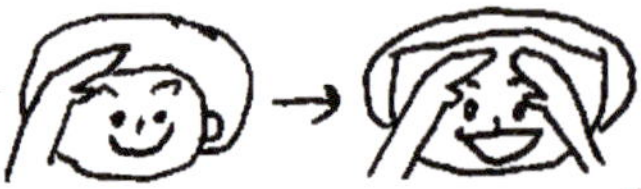

★「鬼来るよ！」「おばけに連れていかれるよ！」とおどして言うことを聞かせる育児はよくないと聞いて、うちではもっぱら**警察と神様のお世話になっています。**

たとえばチャイルドシートやヘルメットを嫌がるときは警察の出番。「警察に捕まっちゃうよ、そしたら刑務所に行くんだよ。食べるのも一人だし、寝るのも一人だし……」と言うと、「捕まりたくない！」となります。常々、言っているからか、交番のおまわりさんに会ったときには「いつも街を守ってくれてありがとうございます！」と敬礼。敬礼してくださる警察のかたもいらっしゃって、いつも尊敬の眼差しです。

もうひとつの「神様」は、私がお寺の保育園に通っていたので、よく「お天道様は見ているよ」と言われていたんです。歌まであって、「ののさまはくちではなんにもいわないが、あなたのしたこと知っている♪」と今でも歌えるくらい当時恐れている存在でした。神様の出番のときは、私が間に入ります。たとえば、「神様、待ってください！　この子はちゃんと食べられるんです。見ててください！」と子どもの味方になって神様から守ろうとすると慌てて食べだします。あれ、結局おどしちゃってるのかな……？★

困った行動編③

やめてほしい行動には「無の表情」

#無の顔で
#全然面白くないよ
#そんなこと言われたら
私だったら
ヘコんじゃうのよー！

3月15日

2023年

おうちでの様子

椅子の上に立つなど、
危険なことをしているとき、
私が反応するとさらに盛り上がってしまうので
極力無の顔にしています。
「全然面白くないよ」と伝えるのですが、
それさえも面白いらしく
盛り上がってしまうことがあります。

★椅子に立つなど、危ないときもそうですが、「きぃー!」と高い声を出したり、おふざけが止まらなかったり、やめてほしい行動をしたときは、「無の表情」をして、「あなたは今スベってますよ」という白けた空気を出します。育児書にも書いてありましたが、**ちょっとでも反応したら、子どももってもっとやっちゃうんですよね。**

あるとき、子どもたちがふざけだして、私がいつもどおり無の表情でいたら、夫も無の表情を頑張って作っていたんです。初めて見る夫の無の表情が面白くて、笑いをこらえるのに必死でした。子どもたちだけキャッキャと盛り上がって、親たちは笑いをこらえ無になる。なんなんだこの家族……と思いました。

それでも反応しちゃったら子どもたちが喜んでしまうので、テレビ番組「イロモネア」のように、命がかかっているくらいのつもりで笑いをこらえています。

それにしても、子どもたちの強メンタルには驚かされます。私がもし芸人の仕事であの静かな無の空気だったら、あんなにふざけ続けられません。ほんとに何がそんなに楽しいんだろう……。★

夏子の子育て大作戦

大作戦！
3

最後の最後の手段は雄たけび

よく「6秒間待つと怒りが治まる」っていうじゃないですか。私も子どもにイライラしたとき、トイレに閉じこもっていったん頭を冷やそうとするんです。でも、ドアを開けた瞬間また新たな問題を見つけて「何やってんのよー！」って言っちゃって、全然効果なし。怒りをマネージメントできたら大したもん。私はまだまだできません。「私ってこんなに怒る人間だったんだ」と自分自身驚きます。でも子どもの人格を否定したり、言わなくてもいい乱暴な言葉をぶつけたりするのはダメだから、どうにもならないときは「あああああーーーーッ！」て雄たけびをあげてしまいます。いかに雄たけびをあげないようにするか日々研究です。

大作戦！4

大人も悪かったときはちゃんと謝る

怒りの山場を越えると「叱りすぎちゃったかな」と反省ループに入ります。そのときはちゃんと「お母さん、大きな声出してごめんね。でもこうしてほしかったんだよ」と意地を張らずに謝って、冷静に意図を伝えます。自分の怒りが治まったときに言うことが多いですね。それは、3分後でも1時間後でも。怒っているときはボルテージが上がりすぎて自分が自分じゃないみたいなのに、時間が経つとなんであんなに怒ってしまったんだろうと思うほど。たまに「でもさ、私もさ、こういう気持ちだったんだよ」と子どもの意見が返ってくることも。すると、そうだよね、子どもには子どもなりの気持ちがあるんだよね、と私も素直に受け止められるんです。お互い心が落ち着いてから正直に話し合うようにしています。

遊び編❶

おうちを保育園にするのが理想！

★「おうちを保育園にしたい！」というのが私のひそかな野望。子どもがハイハイしだしたとき、「それ触んないで」「そっち行かないで」と親が叱るより、叱らなくて済む家づくりをしたほうがいいよ、とアドバイスをもらいました。触ってほしくないものは上に置き、ソファは捨ててハイハイスペースを確保して、おもちゃは取り出しやすいように低い棚に置いてと気づくと保育園のようになっていました。やっぱり**保育園は子どもにとって最適な空間**なんですね。

リトミックの資格を取ったのも、「おうち保育園」と同じ発想。当時、コロナ禍で教室に通わせるのがちょっと心配だったので、私が先生になればいい！　と思ったんです。ところが、結局親って先生になれないんですね。私が教えようとすると、「次は私が先生！」と子どもも先生役をやりたがって、「リトミックごっこ」で終わってしまう。いつか劇場の託児所で資格を役立てたいです。★

憧れの音楽の先生になれたのよー！
リトミックの先生なのよー！
劇場の託児所でやりたいのよー！
今はまだ託児所お休み中だけどいつか復活しますように！

遊び編❷

手作りおもちゃは私も楽しい！

今もハマっているのが、**手作りポリドレス**。子どもの頃、あのドレスがお遊戯会のあとは着られないのが残念だったんです。45Lのゴミ袋を逆さにして、首が出る穴を切り、カラーテープで飾り付け。保育士さんが読むような専用の本まで買って、いろんなドレスを作りました。手作りおもちゃは、作っているときが一番楽しくて、結果私が一番楽しんでいます。★

★保育士資格があるベビーシッターさんが、以前教えてくれて作ったビジーボード。次女や三女も夢中で遊んでくれて、作った甲斐がありました。

手作りおもちゃはほかにもミルク缶でぽっとん落としや、ボール転がしなど、インスタで調べては作っています。話題の教育法・モンテッソーリにもハマって、100均で材料を揃えて「モンテッソーリ教具もどき」も作りました。

2人がテーブルの下に入り込むから
最強ビジーボードを引っ張り出してきたのよー！
でも逆に裏のほうが魅力的すぎて
2人のアジトになっちゃってんのよー！
なんなのよー！

遊び編❸

雨の日のおうち遊びは、ひみつ基地！

三女も一緒に楽しめるおうち遊びは「紙びりびり」。チラシをみんなでびりびり破って、ふわーっと雪のように降らせ、最後に一か所に集めてお片づけするところまでが遊びです。紙をびりびりする音だけでも三女はキャッキャッと笑います。そのためにうちはポスティング大歓迎！　チラシが入ってると「これはいい感じにびりびりできそう」とありがたく受け取っています。★

★雨の日など、おうちの中で遊ばないといけない日は、ひみつ基地を作ります。私の時代は、段ボール箱で基地を作っていましたが、今考えるとあの段ボール、外に置いてあったやつ……？　と衛生面がやや心配。今、うちの子たちはジャングルジムやソファの間にタオルケットを渡してかまくらみたいにして作っています。懐中電灯や光るおもちゃで遊んだり、水筒を持ち込んでお茶したりするだけで、もう大喜びです。

タオルケットで作ったひみつ基地
ピカピカ光るおもちゃがいい味を出します
ただめちゃくちゃ暑いのよー！

遊び編④

クイズや手相占いは、どこでもできて◎

★子どもがおしゃべりできるようになるにつれ、言葉を使った遊びもできるようになりました。よくやるのがクイズ。「お母さんクイズです！　お母さんの好きな果物は何でしょう」と家族をクイズにすると盛り上がります。「お父さんの好きな色は?」というクイズに夫が「青」と答えていて、「へぇ、そうだったんだ」と新しい発見があることも。

長女が出すクイズも面白いです。「アリエルにいろいろ教えてくれる白い鳥の名前はなんでしょう」というクイズ。難問！と思ったら、「答えは〈アリエルにいろいろ教えてくれる白い鳥〉でしたー！」ってそのままー！　「シンデレラはなぜガラスの靴を落としたのでしょう」とクイズを出したら、「12時までに帰らなきゃいけなかったから」とちゃんと筋を理解していて感心したことも。今後は思い出などもクイズにして、どんどん難易度を上げて楽しみたいです。★

やめてよー！
顔がへこんじゃうのよー！

遊び編❺

工作遊びは、私のストレス解消にも◎

★これは紙皿で作った動物のお面。保育園で飾られているものやインスタで流れてくるものを見ていて「あ、これできそう」と思ったら、作りたくてうずうず。こういう工作、大好きなんですよね。

工作している間って無心になれるるじゃないですか。家事や育児ややらなきゃいけないことだらけの中で、目の前のことに集中できる喜び……。しかも一見、子どものためにやってる風なので、

罪悪感が皆無なんですよね！　そうです、工作は完全に私の趣味です。もちろん動物のお面を見た子どもたちの喜んだ顔も嬉しかったのですが、完成したときの喜びも格別。

もう少し子どもたちが大きくなったら、一緒に工作遊びもできると思いますが、本音を言うと、誰にも邪魔されずに一人で作りたい。毎年、誕生日の壁面飾りを作るのが楽しみです。★

ヨコナツ的にはゾウさんのはんなり加減が
気に入ってるのよー！

おでかけ編①

公園に行く前のコール＆レスポンス

★公園に行くときは、注意事項をあらかじめコール＆レスポンスで伝えておきます。「やめてって言ったら？」「やめるー！」「帰るって言ったら？」「帰るー！」「なかよくー？」「するー！」というふうに。すると、結構頭に残っているみたいで、効き目があるんですよ。

でも、だんだん遊びに熱中すると言うことを聞かなくなったり、帰らないとぐずったり。これは、前説だけじゃなく「中説」も必要だ！　と、途中で集合をかけて、「帰るって言ったら？」「帰るー！」と復習させるようになりました。

さらに、「帰るよ」ってお母さんが言ったら、ちゃんと帰れたねー、すごいねー」と褒める「後説」も大切。この後説は、次の公園遊びをスムーズにする効果があります。**前説・中説・後説のコール＆レスポンス**で、かなり公園遊びのわちゃわちゃがまとまりのあるものに変化していっています。★

本当は「お砂場には？」「入らない！」も
やりたい…。

おでかけ編②

なりきりごっこでおしとやかモードに

#忍者修業の終わりが見えてきたのよー！
#次はプリンセス修業の始まりなのよー！

2022年 8月25日

おうちでの様子

昨日、長女を
（長女の名前）プリンセスと呼び、
私はお母さんプリンセスになりきり、
おしとやかな声でお話ししたら、
今まで聞いたことのない裏声で
「はい　わかりました」と言われました。
私も一緒におしとやかな女性に
なれるので嬉しいです。

★あるとき、子どもが保育園の玄関を走っていたので「走らない！」って私が叱ったんですね。でも先生が「長女ちゃん、歩いてるところ見せてよ～」と言ったら、ピタッと止まって静々と歩きだして。さらに先生が「さすが長女プリンセス～！　すてきですわ」とのせてくれて。病院の待合室や電車の中など、静かにしてほしい場面で、**プリンセスや忍者になりきるごっこ**は助かってます。

　私も一緒に「～ですわよ、おほほほ」とおしとやかになれるのも、ちょっと楽しい。それでも騒いだときは、普通の声で「やばい！　お母さん、プリンセスじゃなくなりそうだ！」と言っちゃうことも。

　時間をもたせたいときは、**手相占い**もおすすめ。「ふーむ、この手相はみかんが好きそうな手相だ」「ずばり、担任の先生の名前は○○先生でしょう！」などと占い師のように言うと、「……そうです！」と喜んでくれます。子どもたちが騒ぐときって、飽きたときなんですよね。P80のクイズもそうですが、すぐにできる気をそらす遊びを日々探しています。

★

おでかけ編③

おでかけ必須アイテムはこれ!

★ママバッグにいつも忍ばせているのが、ジッパー付き保存袋に三角に切った色画用紙を入れたこのシャカシャカ。空気を入れて振るだけで、三女は喜んでじっと見ています。あとは、磁石のペンで絵が描けるミニサイズの「おえかきせんせい」も定番グッズ。ペンがすぐ行方不明になるので、ゴム紐で本体に結び付けています。本当に何もないときは、ポリ袋をかしゃかしゃ鳴らすだけでも割と楽しんでくれました。ただ1歳ぐらいまでが限度かしら……。

もうちょっと月齢が上の子には、「おせんべいやけたかな」などの古《いにしえ》からの手遊びを小さな声でやります。**携帯を見せるのは最後の最後のとっておきの秘技**としたい……。

こうしてみると、心配性な私の割に、ママバッグの中のおもちゃは少ないかも。おもちゃの重さより、ママバッグを軽くしたい気持ちが勝って、話術とアイディアでなんとか乗り切ります。★

よしもとの託児所に来てくれた保育士さんが教えてくれた
最強にかさばらないおもちゃを作ったのよー！
渡す直前に空気入れるだけで持ち運びにも便利ー！

おでかけ編❹

優しい世界が広がっている

★以前、中華料理屋さんでごはんを食べていたときのこと。隣の席に一人でお食事をされている50代ぐらいの女性がいました。長女に静かにしてとお願いしてもなかなか聞いてくれず、隣の女性をずっと見たり、終始わちゃわちゃとしていました。何度もすみませんと謝って、早くお店を出たいと思っていた矢先、その女性が帰りがけに、「元気をもらったわ。ありがとう」と言ってくださったのです。まさかの言葉に、え？　うちが？　と驚きました。

その言葉の真意はわかりませんが、「元気をもらった」という言葉に私が元気をもらったことは確実でした。女性の**言葉にパワーや思いやりがたくさん込められていて**、とてもありがたく思いました。外出先では周りにご迷惑をかけた罪悪感でいっぱいになり、せっかくの楽しい雰囲気を台無しにしてしまう癖がある私にとって、心温まる言葉でした。子育てをして、思っていた以上に優しい世界が広がっていることに気づきます。★

ベビーチェアを3つ借りたいけど
お店のベビーチェアを全部独り占めしている気がして
いつも2つで我慢してるのよー！
長女は自分がベビーじゃないことに
喜んでいるのよー！

イベント編①

毎年恒例の、サンタさん対面イベント

＃実際会ったときは怖がっていたけど

＃プレゼントはしっかりもらってたのよ！

＃もらえるものはしっかりもらっとくタイプー！

12月23日

2021年

おうちでの様子

昨日寝るときに、「お母さん好き！」と
言うので嬉しがっていたら、よく聞くと
「サンタさんの話」でした。サンタさんに会ったときの
思い出話が大好きで、サンタさんの
ホーホッホッホッという笑い方、手をパーにしたポーズ、
プレゼントをもらった話はマストです。
おひげがもじゃもじゃの話も
よく追加されます。

★クリスマスには毎年、あるところでやっている**「本物のサンタさんに会えるイベント」**に行きます。前もって親が送っておいたプレゼントをサンタさんから子どもたちへ渡してもらうことができるんです。すごく人気で、毎年アラームをかけて必死で予約を取っています。

初めて長女と次女を連れていったとき、サンタさんとご対面した瞬間、長女は「うわあああ！」と怖がってしまって。次女は次女で赤ちゃんだったからボーッと事態を呑み込めておらず、せっかく激戦を突破して予約したのに〜！　と思いました。翌年、同じイベントに行ったら、長女は「サンタさん！」と大はしゃぎだったのですが、今度は次女が「こわい！」と号泣。二人とも、しばらく経てば「サンタさん、どうぞって言ってくれたねぇ」と嬉しそうに話しているんですけどね。今年、三女はどういう反応を見せるか楽しみです。

このイベントがいつまで続くかわかりませんが、クリスマスは年に一度の大イベント！　クリスマスイブの夜、ごはんはなににしようか考えていたら間髪いれずに「納豆ご飯！」とのリクエストがあり、え、聖なる夜に？　と思いましたが、要望に応え納豆ご飯にしました。海苔で作ったクリスマスツリーを添えたら、心なしかクリスマスっぽくなりました。★

イベント編❷ 家族のイベント…張り切りすぎに注意！

★お誕生日会は「お誕生日おめでとう！」という壁面飾りを作り、毎年使いまわしています。そこに風船や、その子の名前でアレンジを加えて完成！　前日の夜に仕込んで、子どもたちが起きる朝6時からパーティー。大喜びの子どもの表情を見て、私も眠気が吹き飛びます。

節分は、長女が1歳のときに夫に本気の鬼の扮装をしてもらったら、両家の祖父母から「かわいそうだ」と怒られて。以来、夫がちらちら顔をのぞかせながら行うソフトな豆まきに。

雛人形は、私の祖父母が買ってくれた昔ながらのお雛様。そして、最近出会った「きおくひとえ」というお雛様もあります。娘たちが赤ちゃん時代に実際に着ていた服で作られた着物を着たお雛様です。「この服よく着てたなぁ」と思い出したり、ミルクやよだれのシミすら愛しくて、飾るたび、**一番大変だったあのときを思い出して、成長の喜びを感じられます。**★

ずっと前から作りたかった壁面
やっとできたのよー！
お誕生日表なのよー！
親戚一同のお誕生日表作ってみたかったけど
それにしては小さいのよー！

夏子の子育て大作戦

大作戦！5

子どもの機嫌より、まず自分の機嫌

子どもの機嫌をとるより難しいのは、この私の機嫌をどうとるか。私の機嫌がよければ子どもにも優しくできるし、大体のことはうまくいくので、機嫌がよくなる方法を何パターンも持っておきます。たとえば、子どもたちにごはんを食べさせるときにイライラするのは自分のお腹が空いているから。なのであらかじめ大好きなシュークリームをこっそり食べています。どんなときにイライラするのか傾向を知っておくのも大事。すると第二次のイライラがきたとき、冷静に対処できるんです。

Chapter

3

夏子の子育てモードチェンジ

ガチガチ子育てが、ほどゆる子育てに変わるまで

不安でオロオロしてばかりだった一人目、人に頼る大切さを知った二人目、大変だからこそ開き直れた三人目……。経験を重ねるたびに、ほどほどに力の抜けた育児ができるようになってきました。

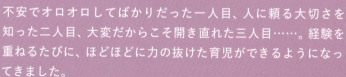

ずっとお母さんになりたかった

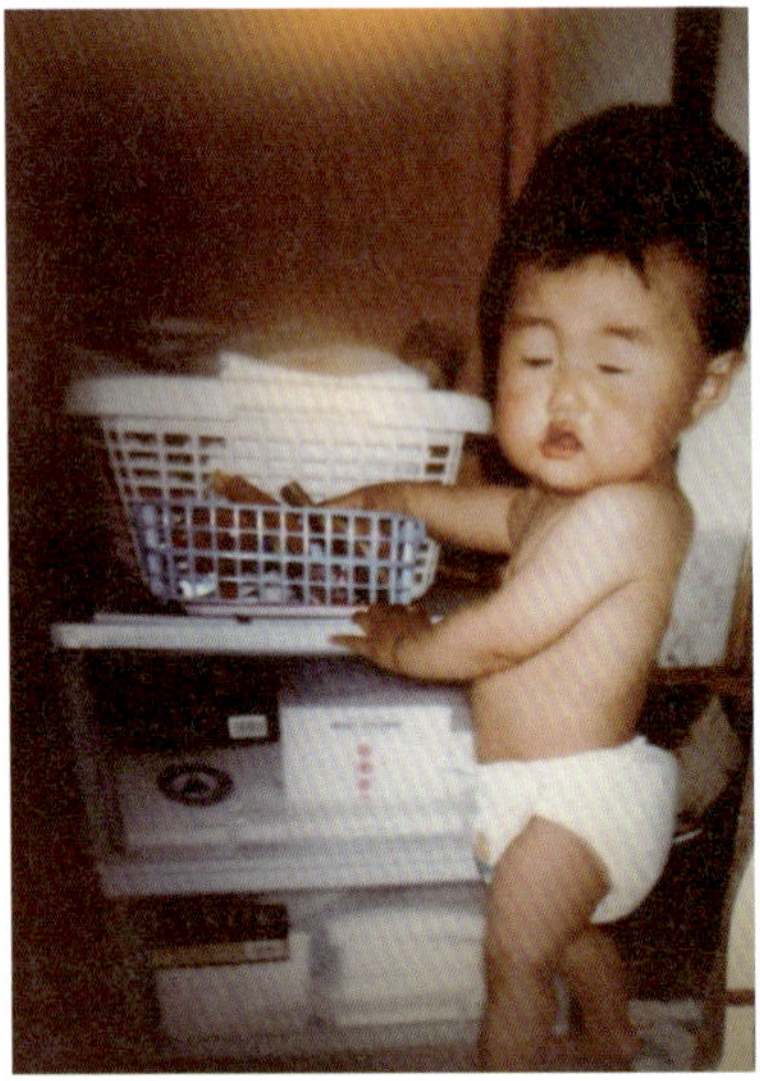

子どもはずっと欲しいと思っていました。それは、何より自分の子ども時代が楽しかったから。お母さんごっこも大好きで、私のネタにお母さんネタが多いのもお母さんっぽいセリフに憧れがあったからなんです。

長女を授かったのは結婚から二年経ったとき。クリニックに通ってできた、待望の子どもでした。その間に、今回こそは！

と思ってダメだったことが続いていたため、妊娠がわかったあとも**「まだ喜んじゃだめだよね」「いつ喜んでいいんだろう」**と、喜びよりも心配が募ってしまって……。赤ちゃんの心拍が聞こえる機械を買ってみて、「どうしよう、聞こえない」と余計に心配になったりしていました。

助産師さんの前で隠した涙

私、出産当日、**夫に最初に送ったLINEが「もう辛い」**だったんです。夫の帰宅後、病室で赤ちゃんと二人きり。一人でこんなに大切な命を預かっているという不安に押しつぶされそうで。赤ちゃんは全然寝ないし、私もプレッシャーで眠れなくて、その様子を見て助産師さんが「大丈夫ですか？」と聞きに来てくれるんですが、そのときは「全然大丈夫ですー！」と笑顔で言っちゃうんです。そして、助産師さんがいなくなったあとにまた泣く。そのときは、こんなことでへこたれているのがバレたら、赤ちゃんと一緒に帰らせてもらえないかもと思っていたんです。

甘えられなかった一人目育児

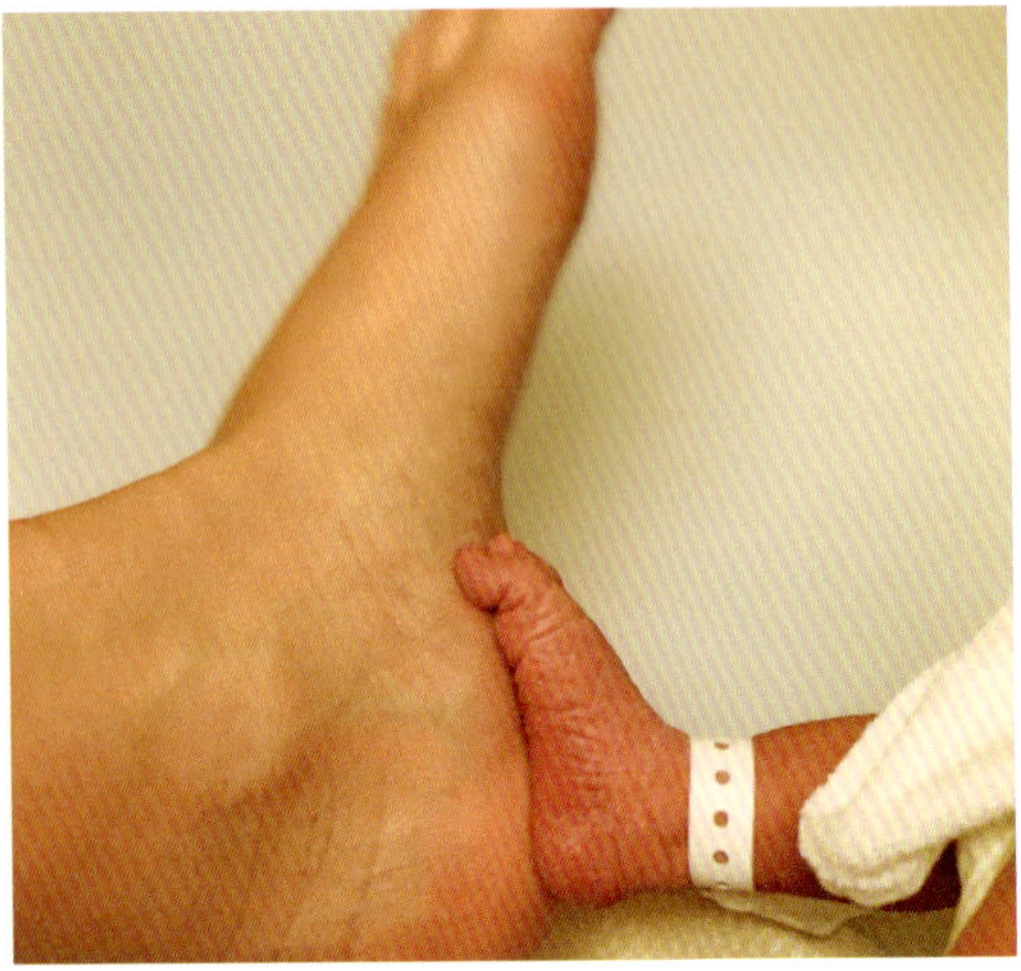

もともと私は子ども好きだし、ベビーシッターの資格を取ってアルバイトもしていたので、絶対うまく子育てできると自分を過大評価していました。でも子どもが生まれてみると泣きやませ方も寝かしつけ方も全然こっちの思い通りにならなくて。**「預かる」と「育てる」は違うものだと知りました。**いつもならポジティブに向かう「私はうまくやれる！」の気持ちが、真逆な働きをしてしまってプレッシャーとなり、新

生児と一緒に泣いていた日々を思い出します。

助産師さんの「スッ」にびっくり！

忘れられないのが出産当日の夜。赤ちゃんを私の枕ごと抱っこしていたら寝たので、そーっと枕と一緒にコットにおろしたんです。このままでいいのかな、と思いつつ新生児室に預けに行ったら、助産師さんが「ママ、枕ないと困りますよね」ってスッと枕を抜いたんです。私は「あ、すごい！　起きてもいいと思ってるんだ！」とびっくり。最初の頃は自分の一挙手一投足に自信がなかった。

一か月後の助産師訪問で、助産師さんから「みんな心配してたのよ～」って言われて、余裕がない私、バレてたんだ。**もっとプロたちに甘えればよかったんだ**、ってそこでやっと気づきました。当時はコロナ禍だったので頼る選択肢も少なく、けっこう抱え込んでしまいました。

「限界になる前に頼っていい」に救われて

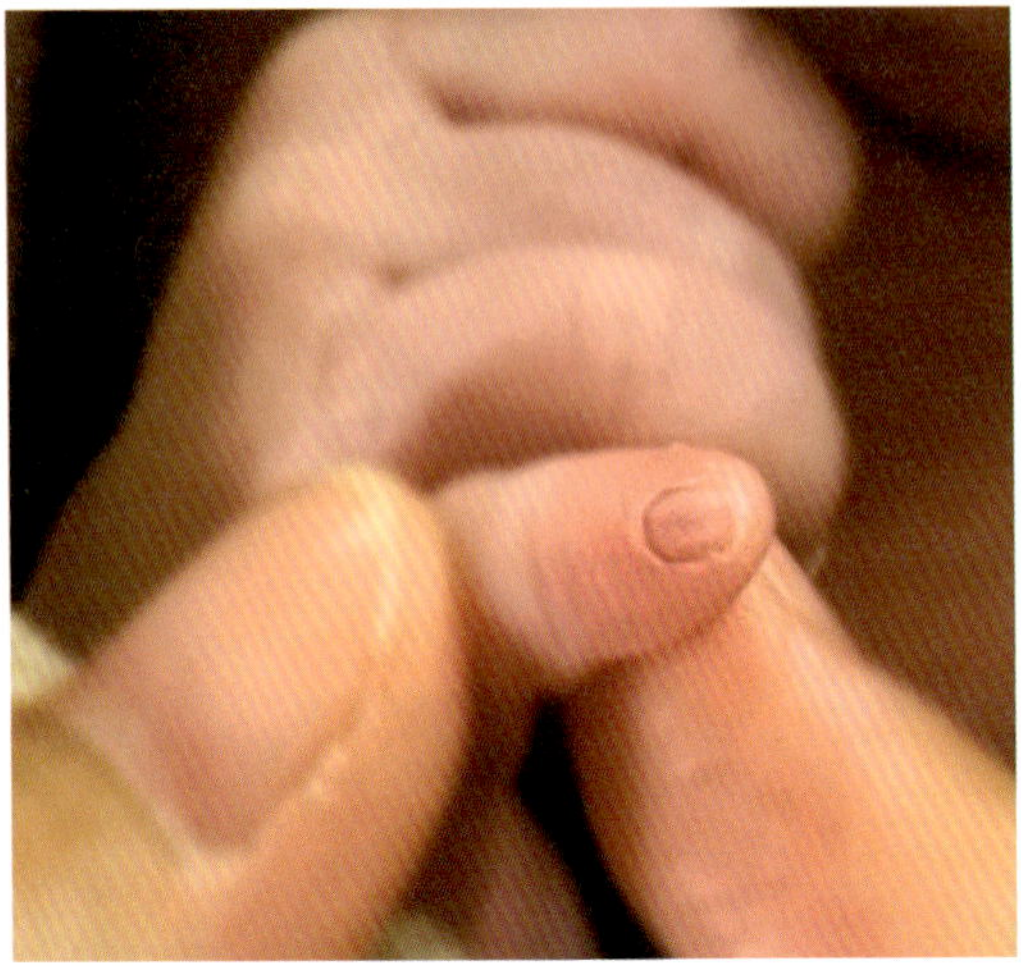

二人目が産まれたとき、助産師さんが「限界になる前に新生児室に連れてきてくださいね」と言ってくれたんです。え、限界になってからじゃなくて限界前に預けてもいいの⁉　と衝撃を受けました。たしかに預けられる側もいっぱいいっぱいの状態で預けられるより、その手前のほうが応えやすいですよね。おかげで、退院後、初めて新潟の実母に手伝いをお願いできたんです。

二人目を一人目以上に愛せるか問題

二人目の妊娠中、気がかりだったのが、果たして長女以上に愛することができるんだろうか、ということでした。こんなに大好きな長女がすでにいるのに、これ以上に愛せるのかな、どちらへの愛情も半分ずつに減っちゃうんじゃないかなって心配だったんです。いろんな人に「二人目ってかわいいですか？」って聞いて「かわいいですよ」と返ってきても、ほんとかなあって思っていて。

でも、初めてエコーで次女を見た瞬間に、カパーッって**自分の中で愛情のキャパが広がった**感じがしたんです。「あ、かわいい！」って。100の愛情が二人いると50：50になると思っていたけど、そうじゃなかった、愛の量が200になるなんて新発見でした。

もちろん三人目が生まれた今、愛情のキャパは、ガバガバッと開いて300です。

三人目にして開き直りの境地に

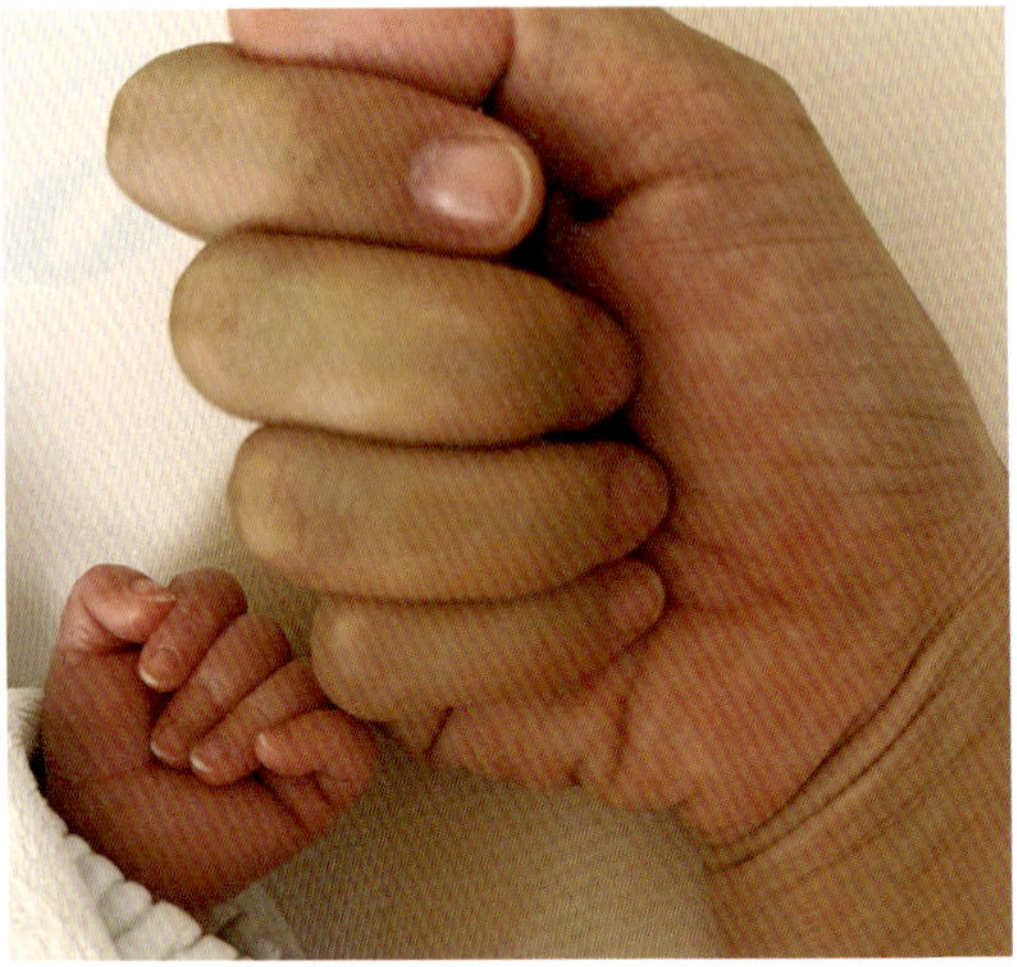

三人目が一番、妊娠中のメンタルが整っていたと思います。つわりのときは次女の離乳食作りが辛くなるだろうからベビーフードに頼ろう、とか、**あらかじめトラブルを予想して効率よく動けるように。**〈妊娠＋二人の子の世話〉が完全にキャパオーバーだからこそ、細かいことは気にならなくなり、三人目にして初めて、新生児期から「かわいい！」と思えました。

夢だった五人家族に！ 完璧主義の鎧を脱げた

私も夫も三人兄弟だったので、「子どもは三人いたらいいね」と話していました。病室で三女を抱っこしながら、夫に連れられて上の子二人がやってきたとき、夢の五人家族になれたんだ！ と思ったのもつかの間、ちょろちょろと動き回る子どもたちに本当に目が回って……。夫を見ると、夫の目も回っていました。これがずっと続くの？ と呆然となりながら、どこか面白がっている自分もいました。

よく「三人もお子さんがいて大変でしょう」と言われるのですが、たしかに手も目も全然足りない状況だけど、一人目より二人目、二人目より三人目と、どんどん気持ちは楽になっていきました。以前は、心配性で完璧主義で、それを人にも求めるところがあった私が、「あ、こりゃ無理だわ」と悟って人に頼れるようになったり、完璧じゃなくても自分も人も許せるようになったり。三人の子どもたちのおかげで鎧を脱げたと感じています。

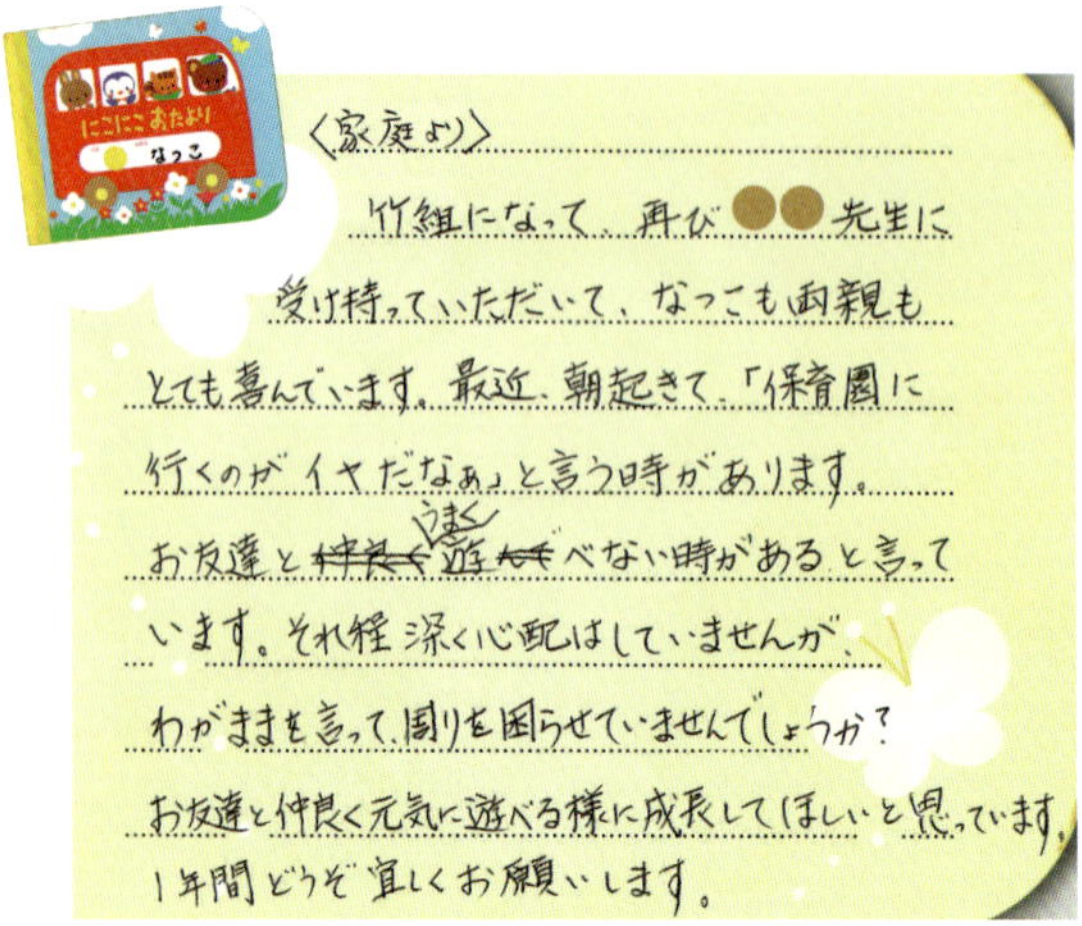

〈家庭より〉
竹組になって、再び●●先生に
受け持っていただいて、なっこも両親も
とても喜んでいます。最近、朝起きて「保育園に
行くのがイヤだなぁ」と言う時があります。
お友達と~~仲良く~~うまく遊~~んで~~べない時があると言って
います。それ程深く心配はしていませんが、
わがままを言って周りを困らせていませんでしょうか？
お友達と仲良く元気に遊べる様に成長してほしいと思っています。
1年間どうぞ宜しくお願いします。

絶対的な味方でありたい

親子関係で言えば、pecoちゃんの「いつでも母は絶対的な味方」という言葉が忘れられません。最高の信頼関係、私も目指したいと思いました。**言わなきゃいけないことはビシッと厳しく、でも最終的には絶対味方**になる、そんな距離感でいたい。うちの母も厳しくも愛情深い人。母が私の保育園時代に書いた連絡帳を読むと、愛されていたことを感じて、じーんとします。

初めての出産。赤ちゃんと二人きりの病室で歌っていた曲

©dreamusic

「おひさま～大切なあなたへ」
平原綾香

すべて愛おしいと思える初心を思い出させてくれる曲。歌うと三人とも泣きやむのですが、いつも感極まって私が泣いてしまう一曲です。

画像提供：ポニーキャニオン

「瞳」
aiko

スパイク小川さんが出産祝いにこの曲で動画を作ってくれて、長女を出産した夜、病室で泣きながら聴いたことを思い出します。親になってさらに好きになった曲です。

保育園に預けることに罪悪感があったけど

　仕事復帰して、子どもをベビーシッターさんや保育園に預けることになったとき、最初は罪悪感でいっぱいでした。自分が仕事したいだけで、この子にはなんのメリットもないんじゃない？　って。楽屋でベビーモニターに映る泣いてる子どもを見ては「あのおもちゃ出しといてあげればよかった」と私も泣いていました。

　でもそんなとき、Eテレの「すくすく子育て」でご一緒した汐見稔幸先生が「**保育園や幼稚園には、親以外の大人からかわいがってもらう練習をしに行ってるんですよ**」とお話ししてくださったんです。一気に肩の荷が下りて、たしかにそういう力こそ必要だなと思いました。思えば私自身も、保育園やベビーシッターさんにお願いするようになって、人に甘えられる力を育ててもらった気がします。

　その後は、楽屋でベビーモニターをチェックするのはやめて、お互いここが頑張り時だね！　と仕事に集中できるようになりました。

リアルとは違ったお母さんネタ

昔、「子どもにシールを貼られてそのまま仕事に来ちゃったお母さん」というネタで、「やだ！　ここにもー？」とテンション高めにやっていたのですが、実際に母になってみたら、服に貼ってあるシールを見つけても黙って取って捨てていました。そのリアルを知ることができて嬉しくて。逆に母になったからこそ生まれた「夫に釘を刺しまくる助産師さん」「必ず同じことを3回言う予防接種の看護師さん」なんてネタも。**母になって出会う女性が増えました。**

産後、職場の人間関係がスムーズに！

若い頃は、とにかく周りのスタッフさんを敵だと思っていました。忙しすぎたこともあると思いますが、「絶対に負けるもんか！」といつもケンカ腰で挑んでいました。

産後に仕事に戻って思ったことは、「みんな私の味方だったんだ！」ということ。そう思って接すると、みんなさらに親切にしてくれる。今まで私が勝手に敵を作っていたのかとやっと気づきました。

変わったのは、私の人に対する目線。長女を妊娠中、友達が「蹴ってる？」とお腹を撫でてくれたんです。友だちに喜んでほしくて「今だよ！　蹴って！」と赤ちゃんに念じたのですが、全然動いてくれなくて。そのとき、「この子の心と私の心は別物なんだ」と知りました。それは私にとって人生のあらたな幕開けというくらい大きな発見でした。

これまでは、みんな足並みを揃えることが当たり前で、「どうしてこうなるの？」

と自分と違うやり方や考え方にいちいち腹を立てていたんです。でも、相手は私とは別の人間なんだと思ったら、受け入れられるようになりました。

私の体の中にいるのに、私じゃない不思議さ。同じ体の中にいても人間は違うんだから、私と全く同じ人間はいないことに、やっと気づけた瞬間でもありました。当たり前のことなのに理解するきっかけは、まさかの胎動でした。

親への本気の「ありがとう」

子育てをして強く思ったことは、「私の親も、私をこうして育ててくれていた」という事実。大変な時期をどうやって？　と、もう自分では覚えていないことばかりですが、子育てをすればするほど**「私が覚えていないあの頃も、私を育ててくれて本当にありがとう」**と感謝します。私が覚えている思い出も、親の目線からだと違う思い出になりますね。やっと親の気持ちがわかるようになりました。

お母さんには「プロの味方」がいる

三女を産んでまもなく、長女と次女の担任の先生から「お母さんと二人の時間を作ってあげてください」と言われました。どちらの先生からも言われたのでこれはレッドカードだと思い、落ち込みました。三女につきっきりになってしまい寂しい思いをさせている私のせいだ、と自分で自分を責めました。助産師さんが三女の一か月訪問に来てくださったときに打ち明けると、「お母さん、すごくいい先生に出会えていますよ。保育園の先生は子どもの味方なんです。でも**私たち助産師はお母さんの味方**なんですよ。だからお母さん、休んでください」と言ってくれました。

三女が生まれて、回っていかない毎日をどうにか乗り切ろうとしている私に、「休んでください」とはっきり言ってくれる助産師さんに救われました。休んでくださいと言われたおかげで、夫に三女を預け、思いっきり朝まで寝ると余裕ができて、上の子に目も心も届きました。そして保育園には子どもからのメッセージを代弁してくれる先生がいることにも心強く思えました。

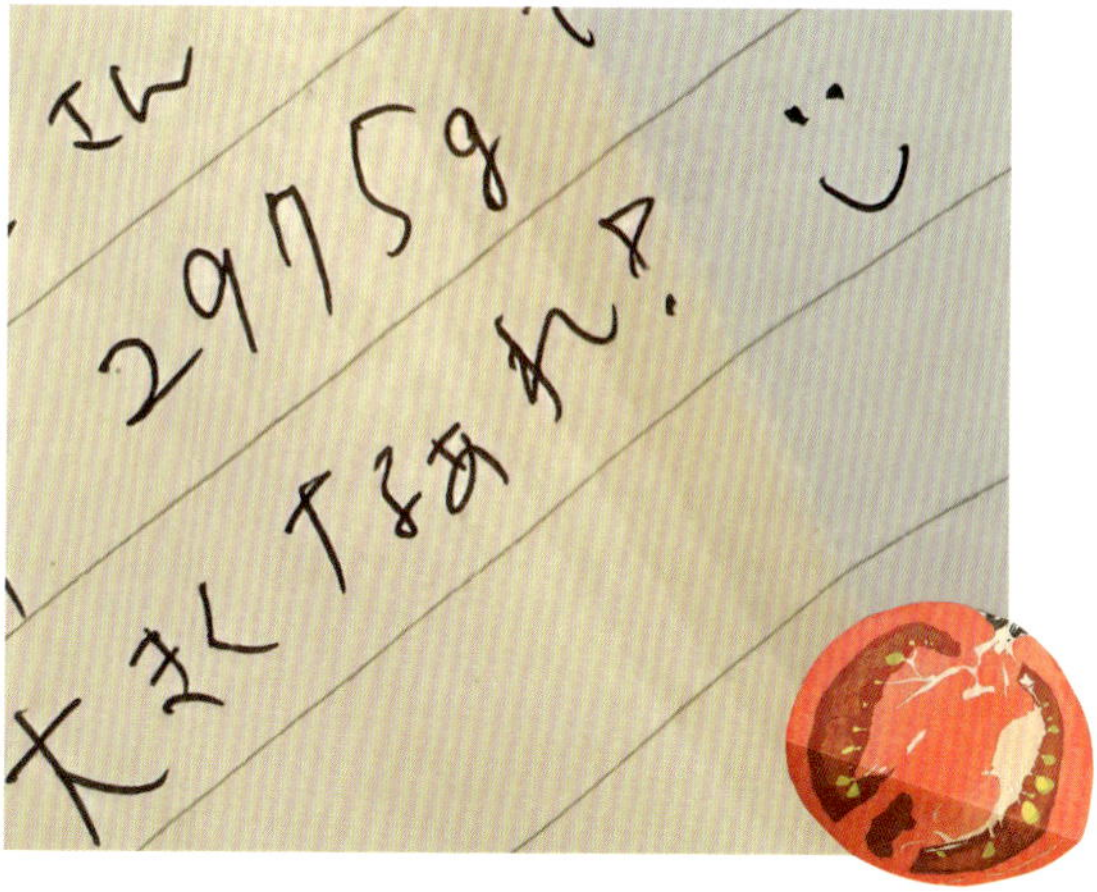

「大きくなぁれ!」のメモに号泣

母乳外来の先生に救われたこともありました。授乳がうまくいかず、母親失格だと、どん底の状態で受診したら、「お母さんのせいじゃなくて、赤ちゃんも吸うのが下手なのよ。へたへた同士だから、これは一緒にうまくなっていくしかないから」と励ましてくれたんです。

帰り際、「じゃあこれどうぞ」ってトマトの柄のメモ帳をくれ、そこに「大きくなぁれ!」って書いてありました。**私以外にこの子の成長を願ってくれる人がいる**んだ、と嬉しくて泣けて泣けて……。プロの味方がいてくれることに何度も救われました。

知らない人だからこそ相談できること

ちょっとした悩みなら周りに相談できますが、自信喪失しているときは「これを言ったら母親失格と思われてしまうかも」と、悩みを打ち明けることさえ躊躇《ためら》うことがあります。そんなときに頼りになったのが、「プロの味方」。

保育士さん、助産師さん、保健師さん、小児科の先生、産科の先生……。数多くの迷える母を見てきたであろうプロになら、弱いところを見せられます。普段の生活では会わない気楽さもありがたかった。いつも感謝の気持ちでいっぱいです。

物理的に離れることも大切

子育てに煮詰まったときは、物理的に離れることも大事だと思います。産褥期明け、久しぶりにコンビニに買い物に行ったときのあの解放感！　こんなに世界って広かったんだ！　とやたら感動しました。同時に、家の酸素が薄かったかも……私思ったより追い込まれていたかも……と気づくこともできました。15分、いや**5分だけでも「お母さん業」から離れてみる**とリフレッシュにつながることも。

ＳＮＳやスマホのメモ帳に、今考えていることを書き出すのも効果がありました。悩みすぎるといったい自分が何に悩んでるのかすらわからなくなってしまうので。書き出すと、具体的な対策が浮かんできたり、意外なことに悩んでいたことに気づけたりと、発見だらけです。

寝かしつけ後のゴールデンタイム

自分へのケアが子どもたちにとってもいいことだと気づいてからは、積極的に自分時間を楽しんでいます。子どもたちを寝かしつけた、21時から0時が私のゴールデンタイム。滝沢カレンちゃんや佐藤栞里ちゃん、近藤春菜さんたちにお家に来てもらうこともあれば、飲み会に行くことも。このときのポイントは、**完全に寝かしつけてから家を出ること**。完全に寝かしつけてから家を出ると、やっぱり達成感が違います。寝かしつけという偉業を達成すると、心置きなくいいお酒が飲めるんです。そこからもうひとつの夜を味わえる、なんともお得な気持ちになります。

一人で楽しめることも用意しています。ドラマやリアリティショーを観たり、バキバキな体を筋膜ローラーやマッサージ機でほぐしたり。工作もしますが、スマホを触るもよし、ダラダラするもよしの、このゴールデンタイムがあるから寝かしつけも頑張れます。今夜はなにをしようと、寝かしつけ中に考えているときが一番幸せかも。と思いつつ結局朝まで寝ちゃうんですが、それはそれで超回復の夜なのでよしとします。

イライラしている舌ってなに？

次女と長女のダブルイヤイヤ期の頃、イライラが止まらなくて、町の漢方屋さんに駆け込んだんです。「べろを見せてください」と言われて、ベーっとやったら「あ、これはイライラしてる舌ですね」って。「イライラしたらこれを飲めばいいですよ」と気の巡りをよくする漢方を処方してもらいました。飲むと、怒りの沸騰が収まる気がします。「これは自分のせいじゃない、気の巡りのせいなんだ」と思えるのもありがたい！

気持ちの逃げ場はやっぱり連絡帳

最初は連絡帳に何を書いていいかわからなくて「寝ませんでした」などと、ごく普通のことを書いていたのですが、ある日先生が「ブロックで遊んだり人形遊びをしたり大忙しでした」と書いてくださって。この「大忙し」というワードチョイスに感激。ただただいろんな遊びに夢中になっている姿を「大忙し」と表現するだけで、一気に子ども目線になって、たしかに忙しそう！　と笑えるんです。真面目に書かなくてもフランクに書いてもいいんだ！　と思えて。それからは先生もこんなに面白く書いてくださってるんだから、と私も張り切るようになりました。

そうやって子どもを観察してみると、イヤイヤも活きのいい魚に例えられたり、困った行動もちょっと俯瞰して見られるときもあります。それに、先生が読むと思うと、先生の負担にならないように、重たくなりすぎないようにと、**ポップに仕上げようとするので、悩みや怒りが深刻化するのも防げる**気がします。第三者の目に触れることで冷静になれるんです。

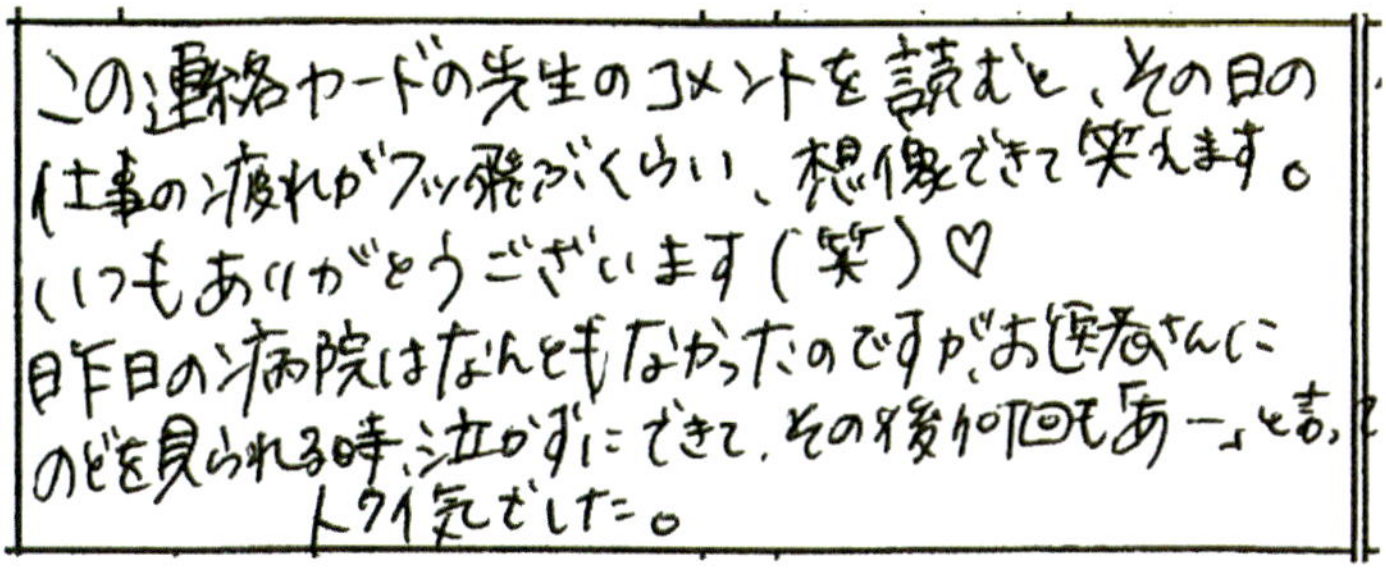
この連絡カードの先生のコメントを読むと、その日の
仕事の疲れがフッ飛ぶくらい、想像できて笑えます。
いつもありがとうございます（笑）♡
昨日の病院はなんともなかったのですがお医者さんに
のどを見られる時、泣かずにできて、その後何回も「あー」と言って
人気でした。

保育園の先生は「娘の専門家」

先生と連絡帳のやりとりが始まって嬉しかったのが、我が子の些細《ささい》な行動を夫以外に笑える相手が増えた、ということ。**先生は子どもたち一人一人の専門家。**保護者面談のときも、私が一番長女のモノマネがうまいと思っていたのに、先生のほうがうまくて涙を流しながら笑ったことも。

本当はこの本に先生側のコメントも載せたいくらい。「アイス屋さんごっこでメロンアイスくださいって言ったら、みかんアイスばかり出てきました。みかんアイス専門店でした」など秀逸！　いつも笑わせてもらっています。私も負けないように面白いもの書くぞ！　と連絡帳‐1グランプリを勝手に開催しています。

いつか子どもが大きくなったときに

先生と交換日記のようにやりとりできるのも連絡帳のすばらしいところ。「寝かしつけに二時間かかりました。もうこちらがクタクタです」なんて書いたときに、「それはそれはお疲れ様でした」と労いの言葉を返してくださると、一気に報われた気持ちになります。こちらも少しでも先生に何かお返ししたく、保育への感謝の言葉をこまめに書くようにしています。

私にとって連絡帳は育児日記代わりでもあります。子どもが大きくなったとき、お母さんをこんなに困らせてたんだ、とか、自分にこんなところがあったんだとか、一緒に読み返して笑い合うことを目標に書いています。

しかも先生からの目線もあるので育児日記よりも内容が分厚い気がします。園での姿、家の姿、さらにプロからの目線、親からの目線、さまざまな角度から毎日、日記をつけることってなかなかないですよね。一緒に子育てをしてくれる人がいるというのが何より心強い。見返す日を想像してもうすでに目頭が熱くなっています。

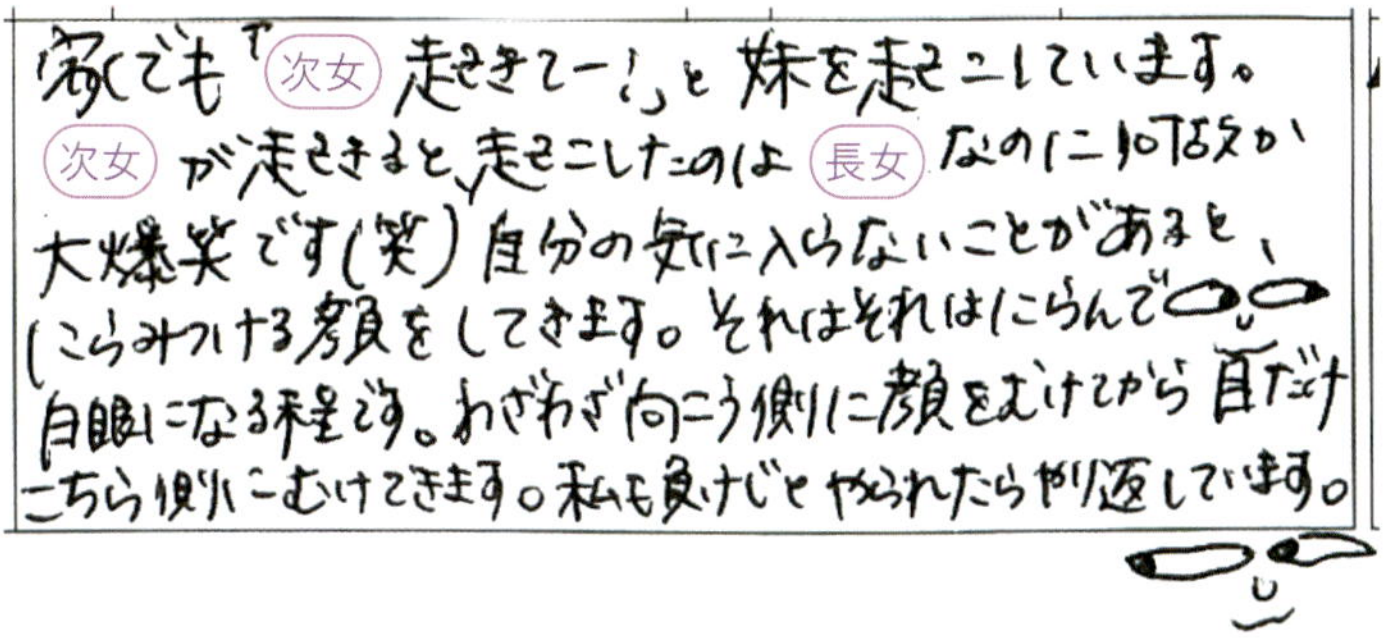

家でも「次女 起きてー！」と妹を起こしています。次女 が起きると、起こしたのは 長女 なのに何故か大爆笑です(笑) 自分の気に入らないことがあると、にらみつける顔をしてきます。それはそれはにらんで白眼になる程です。わざわざ向こう側に顔をむけてから首だけこちら側にむけてきます。私も負けじとやられたらやり返しています。

インスタに連絡帳を載せてみたら…

これは私がインスタグラムに最初に投稿した連絡帳。朝の忙しい時間に、昨日と今朝の様子をうまくまとめられず、一体みんな何を書いているんだろう？　と疑問に思って投げかけてみたら、みなさん自分の連絡帳エピソードをコメントしてくれて、とても助かりました。それまで、なにか日常を投稿しようにも、日々の生活は子育てばかり。その点、連絡帳は写真と同じように日常を切り取ったものでした。

フォロワーさんには何度も助けられています。連絡帳でイヤイヤ期の大変さを共感しあったり、先輩ママからは「その時間が宝物なんですよ」と一歩先行く視点に気づかせてもらったり。連絡帳が連れてきてくれたご縁に助けられています。

保育園の先生は魔法の言葉を持っている

これまで書いた通り、子どもをいい子にしてくれる魔法の言葉を先生はいくつも持っています。そんな魔法の言葉は親の私に対してもたくさん。

長女が2、3歳の頃、お迎えに行くといつも一人遊びをしていて、「うちの子だけ一人で遊んでいますが、大丈夫でしょうか？」と先生に相談したことがありました。すると先生は「お母さん、よーく見てください。ブロックの周りにみんな集まってるだけで、**みんな一人で遊んでるんです**」と。よく見たら一緒に遊んでいるように見えて、みんなバラバラで遊んでいたんです。まるでトリックアートのようでした。「並行遊びという、この年齢の発達の一段階ですから心配ないですよ」と教わり、安心できました。

帰り際、さらっと聞いただけで、こんなにもわかりやすく教えてくれる先生にしびれました。目の前にいる長女のクラスの子どもたちの様子を的確に解説してくれたので、驚くほど納得できたんです。やっぱりプロはすごい。

おしり、私にもくれました(笑)昨日は初めて、いちご大福を食べました。粉に困惑して、おもちに集中して、あんこが甘いことに驚いていました。中から、いちごが出てくると、久々に見るいちごに歓声を上げていました。もう一口あげようとすると「モグモグゴックンしてからじゃなきゃダメでしょ。」と私が30秒前に言った言葉が返ってきました。

「初めて」の瞬間も連絡帳に書き留めて

この連絡帳は、子どもが初めていちご大福を食べたときの様子を書きました。子育てをしていて幸せだと感じる部分は、**子どもの「初めて」の瞬間に最前列で立ち会えること**だと思うんです。たとえば、長女が雪を初めて見たとき、「こわい、こわい」って言ったんです。空から冷たい白いものが降ってくるのが不思議だったんでしょうね。その驚きが大人の私からしたらとても新鮮でした。お友だちから初めて手紙をもらったときの「私に!?」という嬉しそうな表情も、大人になって忘れていた感動を追体験させてもらった気がしました。ささやかな「初めて」も、なるべく書き留めて、大きくなった子どもたちに見せる日が楽しみです。

「ナイトチャレンジ」でワンオペを乗り切る！

長女帰ってきて手と足洗ったら10ポイント！

長女次女なんの事件もなく
平和に遊べたら10ポイント！

17時までに
長女にバレず
私の夕飯食べ終えたら100ポイント！

いいタイミングで次女の授乳終えて
寝てる間に長女の夕飯終えたら1万ポイント！！！

ご飯中次女泣いたとしても
抱っこ紐でなんとか耐え忍んだら20ポイント！

長女に自分で食べたいと言われ
こぼしても仏の顔出来たら20ポイント！

ご飯終わったタイミングで
お風呂のスイッチ即入れたら100ポイント！
こちらボーナスポイントになります。
この後のポイントが倍の獲得になります。

その流れで歯磨きしたら10ポイント！

私の髪の毛乾かせたら5ポイント！すくな！

長女クリーム塗ったら10ポイント！

19時半に消灯したら
ポイントかける100万円ゲット！

20時までに長女寝たらさらに
ボーナス100万円ゲット！

イェーーーーーイ！！！！
うわー今日も稼げたわー！！
って思いながら寝るのよー！

途中夫の仕事が終わったりしたら
「お疲れ様ー！」の言葉よりも前に
「ラッキー！」って最近言っちゃうのよー！
ボーナスタイムスタートするからなのよ！

でも子どももお父さん帰ってきたら
おかえりじゃなくて
「ラッキー！」って言うようになりそうなのよー！

次女が生まれてから、長女をお迎えに行って寝かしつけまでの工程がありすぎて、パンク寸前になったことがありました。自分を鼓舞するために、すべての工程にポイントをつけて、頭の中に実況アナウンサーを住まわせてみたんです。「おっとここで華麗にお風呂のスイッチオン、100ポイント！」「夏子、いい足取りで歯磨きに向かっています！」、寝かしつけまでたどり着けたら「大優勝！　稼いだ点数×1万円が賞金として贈られます！」なんて、もらえるわけないんですけど。でも**自分がどれだけ大変なのか可視化**することができたんです。

加点方式で自分をほめる

そのやることリストを夫に送ったら、申し訳ないという気持ちになったのか、私の好きなお店のシュークリームを買ってきてくれたんです。でも、それすら「そんなの買う間に早く帰ってきてほしかった」と喜べなくて。そのときに、あ、私いっぱいいっぱいなんだな、とやっと自覚しました。と、同時に、「私ってよくやってるわ」と加点方式で自分の育児を見ることができたんです。「歯磨きしたら10ポイント！」と、できなかったことよりもできたことに目が向けられるようになりました。

シュークリーム事件以来、夫は早く帰宅することに全力を尽くしてくれるようになりました。あるとき、また脳内で「ナイトチャレンジ」を開催していたら、夫が早く帰ってきたので、「おかえりー」より先に「ラッキー！」と叫んでしまいました。二馬力だ！　ここからダブルポイントで稼げるぞ！　って。夫とのチームワークがさらに大事に思えます。

夫との関係性が変わった一通のＬＩＮＥ

今、夫は一人生まれるごとにバージョンアップを繰り返し、最強のチームメイトとなっています。それを実感した出来事がありました。

それは、まだ長女が赤ちゃんだった頃。長女がお腹を下してしまい、いつもは私が病院に連れていくところを、その日は仕事で行けず、初めて夫に連れていってもらったんです。

私は長女のうんちを写メして、「先生にこれを見せて相談してね」とＬＩＮＥで夫に送信。その瞬間、カップル時代、まさか彼氏にうんちの写真を送る日が来るなんて思わなかった。と妙に感激したんです。しかも夫からは「ありがとう」という返信がありました。うんちの写真にありがとうと言える仲なんて私たちはもう戦友だ！　と嬉しくなりました。**「好きな男にうんちの写真送れるようになったら、それは本物だ！」**と恋愛時代の私に伝えてあげたいですが、伝わるには時間がかかりそうです。

夫には夫の育児の教科書がある

夫とは育った環境が違うから、育児の指針も当然違う。そのことに気づく前は、「どうしてそこでＹｏｕＴｕｂｅを見せるの？」とか、「冷たい飲み物を飲ませないで」とか、自分のやり方と違う行動にいちいちイライラしていたんです。

でも、「王様のブランチ」で隔週土曜日・４時間半の生放送の仕事中に、夫がワンオペで三人を見るようになってから、夫にも育児の教科書があることがわかりました。この間も、三人を一人でコストコに連れていっていて。それができるのは夫がなんとかなるさ精神だから。私は、ああなったらどうしようと心配に心配を重ね、計画を練ります。その計画が崩れてしまったらもうてんやわんやだからやめておこう……という感じですが、夫は行き当たりばったり。やってみなくちゃわからないとズンズン突き進むことができます。

ひとつの教科書だけじゃなく、**ハイブリッドな教科書で育ててみよう！**と思うようになりました。最近は「そっちの教科書ちょっと見せて」と、参考にしています。

家事分担は10点ゲームで公平に

家事は「10点ゲーム」方式で分担しています。まず、家事を10個リストアップして、自分にとって負担がもっとも重いものは10点、もっとも軽いものは1点と10段階評価。それを夫の点数と照らし合わせると、「お風呂掃除が2点！　じゃあ夫の担当ね！」とか、「料理が10点なの⁉　私は7点だから、料理は担当するね」とか、**お互いの負担感を公平にできる**んです。それぞれの得意不得意がわかって、少し軽い気持ちでできる家事を担当するようになりました。

授乳期の睡眠はシフト制

まだ夜間授乳がある間の**睡眠は夫と代わりばんこに寝るシフト制**をとっていました。日曜日から木曜日は20時から1時まで私が上の子たちと寝室でがっつり寝て、夫はリビングで赤ちゃんと過ごしてミルクをあげ、2時と5時の授乳は私が担当。夫がお休みの土日の前日は逆のシフトにして、私は朝までぐっすり眠ります。

夜間授乳の辛いところが細切れにしか睡眠がとれないところ。でもシフト制にすると、日曜日から木曜日まで頑張れば、金曜日と土曜日はまとまって眠れるので、それを目標になんとか頑張れました。あの頃は金曜日が待ち遠しかったな〜。

こういう家事育児の分担や、夫になにか物申したいときは、**あらかじめLINEに伝えたいことを文章でまとめます**。すると「あれも言えばよかった」という漏れがないし、感情的に言いすぎてしまうこともなくなるんです。それを夫に一度読んでもらい、そこから話し合い。まるで弁護士になったつもりで自分を弁護していますが、冷静な話し合いができます。

子どもネタ発表会と次週の予定確認会

毎晩、夫には「今日の娘」のモノマネをしつつ報告しています。かわいかったことや面白かったことを、ネタ見せのように伝えると「その顔、やるわ〜！」と夫も大ウケ。どうにもできない子どものギャン泣きも「あとで夫にマネして伝えてやろう……」と思えば少し冷静になれることもあります。**夫と共通のことで笑い合える大事な時間**です。

日曜日の夜は、月曜日からの予定を確認し合うミーティングをしています。「火曜日は遅くなるからお迎えよろしくね？」「木曜日の公文のお迎えは行けるの？」など、次週をシミュレーションしておくと、スムーズに回せるんです。「え、言ってなかったっけ？」と忙しい平日にバタバタと焦ることがなくなりました。夫婦の予定共有アプリも活用しています。

「王様のブランチ」のおかげで夫のワンオペスキルが向上！

隔週土曜日、「王様のブランチ」に私が出産後に復帰してから、夫のワンオペスキルがうなぎ上りに向上しました！　先日も子どもを三人連れてコストコへ行って、大量の日用品を買ってきてくれました。私が帰宅すると、「コストコのミートボール子どもたちめっちゃ食べるわ」と一言。子どもたちも楽しそうです。夫の実家に遊びに行くことも。「王様のブランチ」は私のバラエティスキルのみならず、夫も子どもも成長させてくれます。ありがとうございます！

ママ友はチームメイト

地元のママになった友だちとやっている「ゲリラ」という名前のグループLINEがあります。高校のときに一緒にお弁当を食べていたメンバーなんですが、「こういうことがあったんだけど、どうしよう？」とLINEすると、次の日とかにゆるく返してくれる。この**ゆるい感じが気兼ねなくなんでも言えて**助かっています。ゲリラ的にいきなり動くという意味からこのグループ名になりました。

それとは別に、長文の相談LINEを送り合う友だちも。彼女は小学生の子どもがいる先輩ママなんですが、高校時代から長電話をしょっちゅうしていた仲なんです。だから、意見箱かなっていうくらいの長文LINEもためらわず送れる。書いているうちに悩みが整理されていって、書き終わる頃には自己解決することも。**「わかるよ」の一言で救われる**んです。この子にならどんな悩みを言っても受け止めてくれるだろうな、という信頼関係があるのがすごく嬉しいです。

「チーム戦だと思って乗り越えよう」

pecoちゃんの家での、夜ごはん、お風呂、歯磨きまでする「あとは寝るだけの会」のときの写真

初めての子育てで右往左往していたとき、ママ友に相談したら「私の持ってる知識を全部あげるから、チーム戦だと思って乗り越えよう」と言ってくれたことがありました。「そうか、私たちチームメイトなんだ！」と一気に**子育てのキャパが広がった気がして**、心強くなりました。

習い事やおでかけ情報は近所のママ友の口コミが一番。ママ友は子育てのライフラインだと思います。

ママ友作り、グイグイ派です

次女が生まれたばかりのとき、抱っこ紐で次女を抱えながら朝、保育園のシーツを替えていたんです。隣には、同じく生まれたばかりの赤ちゃんを抱っこしながらシーツを替えているママ友。「大変ですよね」とすべてをわかり合って涙しました。**同じ大変さを共有できる人が近くにいること**が、どんなにパワーになることか！　同じ月齢の子どもを育てるママ友とのおしゃべりは、共感しかないし、「うちの子だけじゃないんだ」「へー！　こんなアプローチもあるのか」と視野が広がります。

初めてのママ友作りはグイグイでした。どこにも外出できない孤独さとコロナで人に会えない寂しさが長女の1か月健診で爆発して、「母親学級で会いましたよね？」「たしか同じ日に産みましたよね？」と何かと理由をつけて自分のＬＩＮＥ　ＩＤを配りまくりました。「ＬＩＮＥ　ＩＤは減るもんじゃない」と教えてくれた婚活パーティーの猛者である友人の言葉が背中を押してくれました。ありがとう、猛者。おかげで今でも産院のママ友と遊べています。

ママ友とのトークテーマはスーパー＆パーク

ママ友との話題は距離感にもよりますが、浅すぎず深すぎずがいいですよね。婚活していたときは、よく「したしげ」を話題にしていました。し＝出身地、た＝食べ物、し＝仕事、げ＝芸能（よく見る番組など）の4つがあればトークタイムの2分間は確実に盛り上がれるんです。でも、ママ友との話題でいきなり職業に触れるのも失礼ですよね。私はよく行くスーパーか公園の話をします。スーパーの話からご近所トークに、公園や遊び場きっかけで休日の過ごし方の話に、**スーパー＆パークを話のタネ**にしています。

いつか叶えたい私の夢

ベビーシッターのアルバイトをしていたとき、ママってこんなに大変なの？　って実感しました。同じ頃、舞台中に赤ちゃんが泣きだして申し訳なさそうに退出するお母さんを何人か目にして、「かわいそうだな、劇場に託児所があれば子育てのいい息抜きになるのに」とも思い、「劇場に託児所を！」というのはずっと夢だったんです。2019年に念願叶って大宮ラクーンよしもと劇場に託児所ができたときは、ママたち

に「久しぶりにたくさん笑いました」と涙ぐみながらお礼を言ってもらい、やっぱりお笑いの劇場と託児所のマッチング性が高いことを確信しました。でもその後、コロナ禍に入り、そのうち自分の子育てもてんやわんやの状態になって、なかなか広める活動はできませんでした。

よしもとのすべての劇場に託児所を

だから、芸人であり、ママでもある私の夢は、よしもとの全劇場に常設の託児所を作ること！　そこで私がリトミックを教えられたら、私も楽しいし、ママ・パパも助かるし、一石二鳥だなって思うんです。大宮の託児所では、出番を終えた芸人さんが託児所に来て子どもたちと遊んでくれることもありました。

私自身、子育てでいっぱいいっぱいだったとき、友だちとの会話やお笑い番組を見て笑うことでリフレッシュできました。**今、育児を頑張っている人にこそお笑いを見てお腹の底から笑っていただきたい！**　達成できるよう知恵と経験を蓄えたいです。

野望は、ちょっと先へ置いておく

単独ライブは、私のネタをただ楽しんでくださるお客さんがいっぱいで、なんだか結婚式のようですごく好きなんです。ネタもたくさんできるし、なにより達成感があります。でも現状のスケジュールに、ネタ作りや稽古がプラスとなると現実的に考えて今は毎日の生活がいっぱいいっぱいでできません。

だから、目標は「**2035年に単独ライブをする！**」にしました。その頃なら三女も小学校高学年になって、時間がとれるんじゃないかなって。できないことをくよくよ悩むより、少し先の目標にしてみると、単独ライブができない今は、単独ライブのネタ作りの期間だと考えられるようになって、**なにもできていない普通の毎日でも目標に向かって頑張れている**気持ちになりました。

そんな野望をいろんな人に話していたら、先輩ママたちから「子どもが思春期の頃なんてそれこそ大変よ！」と言われて戦々恐々。やっぱり目標設定は2040年にしようかな……。

Chapter

4

ごきげんな母でいるための
夏子ルーティン

私がごきげんでいることが、家族の幸せに直結すると思うので、積極的に自分からごきげんになる方法を実践しています。みなさんのごきげんにつながったら嬉しいです。

自分の誕生日・母の日は「私ファースト」

子育てをしていると、メニューやお店の決定権がいつも子どもにあるじゃないですか。気づくとうどんばかり食べています。でも、自分の誕生日と母の日は「私の日」だから、「焼鳥だ！」「焼肉だ！」「ケーキはここのケーキがいい！」と私の希望が通る日にしています。今年は何を食べようかな〜とあれこれ考えるところから誕生日が始まっています。

★以前、まだ長女が字を書けない頃、母の日に夫が「おかあさん、だいすき」と薄く書いて、それを長女になぞらせてプレゼントしてくれたことがありました。それは今でも大事にガス台に貼ってあります。

プレゼント以外にも誕生日特典があります。それは**私が食べたいものを食べに、私の行きたいお店に家族みんなで行ける**、というもの。これが最高に嬉しい。★

日常すぎて誕生日感ゼロでしたー！
３人目が生まれてやっと外に出られるー！
あついーー！
これからもよろしくお願いしますー！

無心になれる真夜中ミシンタイム

★子どもを寝かしつけたあとの21時以降は私のゴールデンタイム。ミシンで子どもたちの好きなキャラクターの服や、自分のけろけろけろっぴポーチを作るのが癒しのひとときです。

この間は、「おかあさんといっしょ」のみもちゃんというキャラクターとおそろいの衣装を作ったんですよ。無心になれるのと、できたときの達成感がハンパないんです。子どもたちが喜ぶ顔はおまけで、

ただただ私が作りたかっただけ。充実した自分時間です。

だからなのか、保育園に作ってくださいと言われるバッグやコット用のシーツにはちっともやる気が起きず……。もっぱら、ハンドメイド作品販売アプリで買っています。★

＃ 自分にとってすごく楽しい時間なのに
全然楽しそうな顔じゃないのよー！
＃ 色合いで何を作っているか
わかる人にはわかる気がするのよー！

だいぶ「甘える力」がついてきました

★幼い頃、母親に「もっと甘えてもいいのに」と言われるほど長女気質で人に甘えるのが下手だった私。
　私がなんとかしなきゃ！　と、クラスでもよく「ちょっと男子！　しっかり声出してー！」と合唱コンクールで注意する女子でした。その考えが変わったのは子どもを産んでから。

　シッターさんを家に呼んだとき、指示だけ出せばいいのに、「あ、私やっちゃうんで大丈夫です」って結局自分が動いてしまったり、産後、母に頼るのもだいぶ躊躇してしまったり。それで勝手に自分で自分を追い込んでしまって、反省しました。

　でも今では甘えることの大事さがやっとわかりました。子どもたちにもこの「甘える力」をぜひつけていってほしいです。「歯磨きお願いしてもいいですか？」など、この甘えが、のちの私をラクにしてくれるんだと思いながら、どこまで甘えてみようか毎日チャレンジしています。★

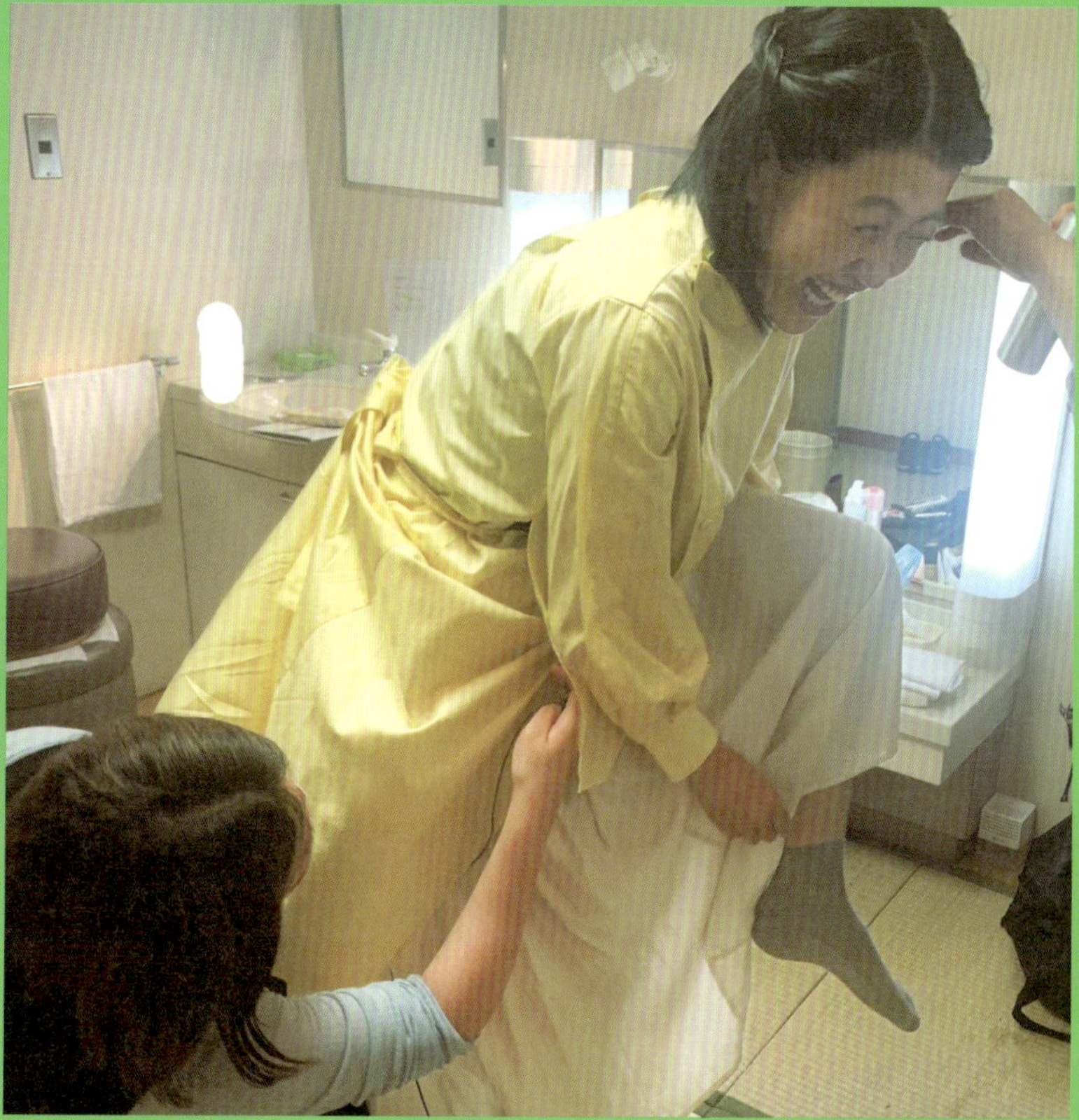

こんな笑いながら準備することある？
こういう顔のお面あるのよー！
私は靴下履いてスタイリストさんにマイクつけてもらって
メイクさんに前髪直してもらってんのよー！
私の好きな四字熟語は同時進行なんじゃないかってくらい
同時進行が好きすぎて
こうなってんのよー！

最強の遊びスポット

★最近感激した〈ぐんまこどもの国〉。とにかく遊具が多くて豪華！　でもそれ以上になにがいいって、プラネタリウムがあるんです。散々遊具を楽しんだあと、快適な室内で背もたれを倒して座れます。夫と下2人は寝落ち。上映が終わると至る所で、「パパ起きて！」「お母さん、終わったよ！」と子どもたちの声。親たちみんな疲れ切って寝ています。**同志のような気持ちも芽生えます**。プラネタリウムが園の出口に近いことで、スムーズに帰る導入へいざなうこともできます。

スムーズな帰宅への導入でいえば、渋谷にある〈プレイグラウンド〉も最高。砂場まである室内遊び場は帰りたくない桃源郷。そこから帰るという選択肢を選ばせる帰り際の必殺ガチャがあります。先日、次女の靴を履く最短タイムが出ました。クーポン入りガチャの参加賞に風船ももらえます。同じ色の風船なのに子どもに選ばせてくれて、選んだ頃に帰りのエレベーターが開く完璧なシナリオです。★

手をつないで歩く
どこへ行ってもこれが大事
歩き始めた三女が一番嫌がるのよー！

子どもから学んだ「別荘テクニック」

★子どもを見ていると創造力ひとつで家のなかをプリンセスのお城にしたり、お店屋さんにしたり、日常を非日常にして楽しむ力がすごいですよね。それを見習って、時々自分の家を別荘だと思って過ごしています。

以前、友だちからもらったガウンが、軽井沢の別荘に遊びに来ている人が着ていそうな雰囲気がありました。そのガウンを羽織って、とっておきのマグカップでコーヒー淹れて、いつもよりしぐさも優雅にして、途中で郵便屋さんが来たら「ありがとうございます～！」っていつもより妙に丁寧にお礼を言います。

すると、「またいつ来られるかわからないからきれいにしておかなくっちゃ」と不思議と掃除がはかどったりするんです。お笑いコンビ「夫婦のじかん」の大貫さんが、「推しの俳優さんが今から家に来ると妄想すると掃除を頑張れる」と言っていて、私が大好きすぎる思考回路なので、この技もよくやっています。★

\# 別荘だから思いっきり両手でカーテンも窓も開けちゃって
\# ああ軽井沢の空気おいしいって言って
\# 別荘だから野菜生で食べちゃって
\# 裏の畑のにんじんおいしく育ったねーって言いながら
\# 自家製ドレッシングで味わっちゃって
\# 別荘ごっこ楽しいのよー！

SNS疲れには検索先を変えてみる

★朝のルーティンをSNSにアップすることが流行ったとき、私もタイムラプスを回してみました。普段の私はリビングでゴロゴロするだけで、ちっとも映えない日常。でもコメント欄には「私もこれです！」という声が。キラキラしたSNSを見ると、「子どもがいるのにこんなに片づいてる」などと落ち込むことがありますが、みんなも意外とそうなのかな。都市伝説程度に眺めるのがいいですね。

妊活時代は個人のSNSだと自分と比べてしまうから、不妊外来の院長のブログしか見ないと決めていました。院長ブログなら学術論文に添った正しいことしか書いていないし、時々「毎日水をあげていたお花が造花だと今日気づきました」なんてエピソードもアップされていて、和むんです。育児バージョンでいうなら「園だより」は有益でしかない！　SNSに疲れたら目にする情報を変えてみるのがおすすめです。

モーニングルーティンもなにも
私の定位置
見ての通りとっても元気な日常なのよー！

週末ごほうびは「箱根」と「熱海」!?

★平日のワンオペお風呂は子どもたちを順番に洗って、保湿剤塗って、パジャマを着させるので精いっぱいで、自分のケアは化粧水を塗ったら上等というレベル。だから週末、寝かしつけたあと、子どもたちが泣いたら夫が寝室へ行くので、私は浴室の鍵を閉めて、電気を消して、一人でゆっくりお風呂につかっています。

1時間の入浴を「箱根」、2時間の入浴を「熱海」と呼んでいて、「今日はちょっと箱根行ってくるわ」「いいよ、熱海行っちゃいなよ」と夫も労ってくれます。お風呂で肩までつかって、パックをしたり、もらいもののいい入浴剤を入れたりすると、平日の疲れがほどけていきます。

ポイントは、たまのごほうびじゃなくて、毎週末お決まりのルーティンにしていること。週末は箱根に行ける！　と思うことで平日のバタバタも乗り切れるんです。★

ここからが私の時間
嬉しくて大きい声出しちゃいそうな
私の笑顔

ごきげんな私を家族にプレゼント！

★日頃から、時間が空いたらやりたいことをウィッシュリストにしています。そうしないと、いざぽっかり時間が空いたとき、意外と「何しよう」って思いつかないんですよね。リストにしておくと「スタバに行く」とかそんな些細《ささい》なことでも、実行できたときに達成感があります。それに、実際に実行するのがむずかしくても、「ネイルサロンに行くならここだな」「ここの整体気になる」とウィッシュリストを作っている時間自体が楽しいんです。

あとは、40代になったら、「30代あっという間だった〜！」と言いたいなんていう細かい夢もたくさんあります。

夫に子どもを預けて美容院に行くとき、**申し訳ないと思うより、「最上級にごきげんな私をプレゼントしまーす！」**と思いながら帰ることにしています。「ただいま〜！」とルンルンで帰ってきて、ニコニコな私で家族時間を過ごしたほうが、家族にとってもいいことなのかなと考えています。★

子どもの前でごきげんな私かと思いきや
回る遊具を思いっきり回すもんだから
もう笑うしかない私なのよー！

夏子の子育て大作戦

大作戦！6

子どもたちに伝えたい大切なこと

我が家の育児の方針、というほど大したものでもないですが、子どもたちには「礼儀」「思いやり」「自分の気持ちを伝える」が、できるようになってもらいたいなと思ってます。

「礼儀」は、人間関係の土台に

一つ目の「礼儀」は、すべての人間関係の基本。私は吉本興業に入って、礼儀の大切さを教わりました。元気よく挨拶するといった基本や、目上の方と挨拶するときはカバンを置く、といった具体的なことまで。将来どんな仕事につくにしても、礼儀がきちんとしていれば、いろんなことがスムーズにいくはず。まず

は私から、と率先して挨拶しています。

「思いやり」を学んで姉妹仲よく

二つ目の「思いやり」は、言わずもがなですが、相手の立場に立って物事を考えられる優しい子になってほしいなと思っています。次女が生まれて姉妹間のケンカが増えたとき、「こんなことをしたら相手が嫌な気持ちになる」と想像する力がとても必要なんだなと実感しました。姉妹でケンカしながらトライ＆エラーで思いやりの心が育ってほしいです。

「自分の気持ちを伝える」は、大人にも大切な力

三つ目の「自分の気持ちを伝える」は、甘える力とも言い換えられます。困ったときにSOSを出せることが、大きくなればなるほど大切になっていくと感じます。まず、私が子どもたちの言うことを受け止めて、「なんでも言っていいんだよ」「大変なときは甘えていいんだよ」と伝えたいです。

明日の連絡帳にも、
いつか読んで笑える日を楽しみに、
日頃の娘たちの小さな思い出を
書いていこうと思います。

おわりに

連絡帳の本を作るにあたり、過去の連絡帳を読んでみると、「うわー、こんな日あったわ、懐かしい！」とたった数か月前のことでも、もう懐かしい思い出になっていることに驚きました。大変な毎日ですが、私は毎日「懐かしい」を作っていると思うと嬉しくなりました。

夫と三人の子どもたちが湯船に入っていて、ドアを開けた私に四人の視線が集まった瞬間、記録に収めなきゃ！　と思い、スマホを構えました。スマホ画面に写った光景がなんとも結婚式のプロフィールムービーに出てくる幼い頃の一枚のようで、娘の結婚式を想像して泣いてしまったことがあります。まだ結婚するかどうかもわからない、長女が4歳の頃の話です。「ああ、このときは一瞬なんだ」と思えば思うほどかけがえのない時間だと思えて泣けてきます。

でも正直今は、月曜日から金曜日が長すぎて、おいおいまだ火曜日かい！　と思っている真っ最中です。

そんな狭間で生きているときにこのような本を作ることができて幸せです。また何年か経ったら、何言ってんだ！　となりそうな気もしますが、今現在の私はこの本そのものです。

前のマネージャーさんの結婚式で、新郎入場の際に、司会の方が「新郎のお母様からメッセージを預かっています」と言って、思い出の数々をその場でお伝えするサプライズがありました。新郎を妊娠したことがわかったときの気持ちから結婚の決意を聞くまでの思い出の中で、幼少期の思い出のお話が分厚く、どれも愛情たっぷりな親御さんの眼差しが感じ取れておいおい泣きました。前のマネージャーさんである新婦のお母様からのメッセージも同じく、幼少期の話が多く愛されていたことを感じ、入場時にこんなに泣く？　というくらい号泣して、幼い頃の思い出は格別ということを知りました。たしかに、私の親が私の幼少期を語るとき、いつも同じ話を同じテンションで昨日のことのように話します。今、私が生きているこのときが格別な思い出になる！　とつくづく思いました。

これからもぜーんぶ懐かしい思い出作りだと思って毎日を過ごしたいと思います。

横澤夏子

1990年7月20日生まれ。新潟県糸魚川市出身。高校卒業後、吉本興業のお笑い養成所、NSC東京校に入学し、19歳でデビュー。結婚前からベビーシッターのアルバイトなどを経験し、ベビーシッターやチャイルドマインダー、リトミックの資格も取得。27歳の誕生日に結婚。2020年2月に長女、2021年10月に次女、2023年6月に三女を出産し、三姉妹の母に。三姉妹の育児に奮闘する姿が垣間見える、Instagramの「保育園の連絡帳」が多くの人の共感をさそい、フォロワーは96万人を超える(2024年10月現在)。
https://www.instagram.com/yokosawa_natsuko/

ドタバタ子育て大作戦
三姉妹のれんらくちょう

2024年11月28日　第1刷発行
著者　横澤夏子
発行人　鈴木善行
発行所　株式会社オレンジページ
〒108-8357 東京都港区三田1-4-28
三田国際ビル
電話　03-3456-6672(ご意見ダイヤル)
048-812-8755(書店専用ダイヤル)

印刷所　株式会社シナノ

Printed in Japan

ISBN978-4-86593-679-7

STAFF
デザイン　嘉生健一／撮影　鈴木康史(カバー,P13～20,P54,P72,P96,P156,P162)／
スタイリング　大瀧彩乃／ヘア＆メイク　豊田小百合／
構成　清 繭子／イラスト　わしず ひろあき／校正　みね工房／編集担当　菊地絵里